当你又忙又美 何惧患得患失

思维进阶版

梁爽 著

湖南文艺出版社

·长沙·

无论这个世界怎样对你,都请你一如既往地努力、勇敢、充满希望。因为世界上最幸福的事情莫过于经过一番努力后,一切都在慢慢变成你想要的样子。

幸福的人,不是那些拥有最好的东西的人,而是那些能够让自己拥有的东西变得最好的人。

目录

01　**推荐序**

06　**新版序**　不焦虑的活法：宜戒断患得患失

12　**前言**　女人要有又忙又美的心气

不可低估一个穿衣好看的女人

美丽不仅仅是漂亮的外表和美好的心灵，更是敢于向不完美的人生宣战的勇气。不是老天给了你什么，你就是什么样子，而是由你自己来选择你是什么样子。

——雷庆瑶

002　不可低估一个穿衣好看的女人

007　爱美女人最好运

012　好好打扮是走出低谷的捷径

017　当你放弃自己的时候，你就老了

023　持续自律的姑娘，颜值都很高

029　女人要强，也要美

035　长得美的人，往往想得更美

040　生活的精致，是把房子住成家

·1

把生活过成想要的样子

不管全世界所有人怎么说,我都认为自己的感受才是正确的。无论别人怎么看,我绝不打乱自己的节奏。喜欢的事自然可以坚持,不喜欢的怎么也长久不了。

——村上春树

046　恰到好处的仪式感,让生活变得更有趣

052　你怎样过早晨,就会怎样过一生

059　村上春树的生活方式,早学早享受

065　你总以为自律很难,却不知道自律之后有多爽

071　你以为工作要拼命,实际上拼的是身体

Chapter 3

负面的人际关系,尽快断舍离

对于人际关系,我逐渐总结出了一个最合乎我的性情的原则,就是尊重他人,亲疏随缘。我相信,一切好的友谊都是自然而然形成的,不是刻意求得的。我还认为,再好的朋友也应该有距离,太热闹的友谊往往是空洞无物的。

——周国平

078　有些事做不到也不扣分,但做到了就狂加分

083　异性缘好的姑娘,平时是怎样说话的

088　负面的人际关系,尽快断舍离

094　后悔没早点和有追求的女人做朋友

099　换一种说法,就是换一种活法

越活在别人情绪里的人，过得越拧巴

我几乎从来不生气，因为我认为没必要，有问题就去解决，不要让别人的错误影响自己。这是我大多时候感到快乐的秘诀。但是，我不生气，不代表我没脾气。我不计较，不代表我脾气好。如果你非要触摸我的底线，我可以告诉你，我并非善良。

——陈丹青

108　忙碌疲惫时的好脾气很值得学习

113　为什么我劝你先处理事情，再处理心情

118　越活在别人情绪里的人，过得越拧巴

124　都市女性防拧巴指南

132　你那么好看，不要生气

138　过有准备的人生，才是不焦虑的活法

144　我从讨厌的人身上学到更多

爱得恰到好处，生活才会更美好

家庭是最基本的人际关系，无论发生什么事，我都把每晚 7 点全家人聚在一起吃饭的习惯视若珍宝。这比我的工作、爱好、社交都更重要。

——松浦弥太郎

150　原生家庭会影响你一阵子，但别让它决定你的一辈子

156　海啸虽然来过，但樱花还是开了

163　婚姻也可以是新的恋爱

169　恋爱看审美，结婚看习惯

174　回家前调整好心情，是婚姻里最基本的自律

不拿赚钱当回事的姑娘该醒醒了

当世界对你说"不"的时候，你的选择，就是你未来的人生。而这种选择会在十年、二十年后带来完全不一样的人生。

——和菜头

180　不拿赚钱当回事的姑娘该醒醒了

187　瞎想太多，会最先拖垮自己

193　你的被动，正在淘汰你

199　将来的你，恨不得扇醒现在贪恋稳定的自己

205　在花钱上拎得清的姑娘，能少奋斗 10 年

210　你就是想得太多，有建设性的事做得太少

216　职场达人都会越两级看问题

Chapter 7 新一年,把自己置身于又忙又美的流里

不要试图与闲人论短长、比对错、争高下,再赢也是输。

224　防闲人之心不可无

229　把自己置身于又忙又美的流里

235　气质好,是成年人的无声炫富

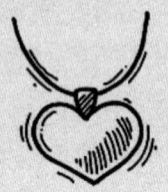

Always
Love
Yourself

推荐序
张萌

梁爽邀我给她的新书《当你又忙又美,何惧患得患失》写推荐序时,我和小伙伴们正在准备以"知识就是生产力"为主题的跨年大课,这次三天两夜的课程,凝聚了我们很多的努力和付出。

我提醒自己忙完这段时间,要给梁爽写推荐序。

我和梁爽相识于2016年,当时朋友看到她写的《千万别小看一个又忙又美的女人》这篇文章,便转发给我,说:"萌姐,这不就是在说你吗?"

我非常喜欢梁爽的文风,"嘎嘣脆"的文字很有"爽感",很想认识她,后经朋友介绍与其成为好友。我们第一次聊天,就很投缘。我们年纪相当,都是多年的"早起者",都爱向优秀的人学习……

梁爽是个写作爱好者,她常利用业余时间写作。我俩熟悉后，她经常采访我一些问题，像"如何减少焦虑""怎么理财"等，所以我在她的文章里"出镜率"很高。

我是《过有准备的人生，才是不焦虑的活法》一文中那个时刻准备着的人，大学时根据1万小时定律，给自己制订"1000天小树林"英语学习计划，并获得2008年第一届全国"APEC未来之声"英语演讲比赛的冠军；

我是《在花钱上拎得清的姑娘，能少奋斗10年》一文中那个花钱拎得清的人，每年在学习和成长上花钱，找优秀的机构和老师给我上课。

我还是《恰到好处的仪式感，让生活变得更有趣》一文中那个享受舞台的人，因为萌妈从小就给我营造上台仪式感。

这些文章都收录在这本书中。

我感觉自己一直都是顺风顺水的，因为在我确立目标之后，就会向着目标全力前进。早上四五点起床，甚至有时凌晨两点起床学习，困了便在眼皮上涂风油精。用梁爽的话说，就是"太能对自己下狠手"。

30岁时发生了一件对我影响重大的事情。在创业过程中，有段时间我胸口特别疼，疼到半夜睡不着觉，一半身体又麻又疼，我去医院检查，医生诊断出我甲状腺附近长出许多结节。

那段时间，我的"工作"就是每天坐在医院门诊部的门口，看着熙熙攘攘的人，有时候推进来的是活人，推出去的就是尸体。医院的楼道中，全是家属的哭声，那时的我被负能量包围了，一度想要把公司关掉，还创什么业啊？有什么意思啊？那段时间我没有去过公司一天。

我每天的任务就是到医院挂号、排队、检查。医生说情况不太好，然后给了我两点建议：一是观察甲状腺结节是否长大；二是切除甲状腺。

甲状腺负责调节人体激素平衡，没有甲状腺素，内分泌会失调，以后就得每天吃甲状腺素，但我不知道每天是吃多了还是吃少了，一个月后的血液指标才会给我答案。

有一天做检查要穿刺结节，提取里面的组织液，化验结节是良性还是恶性的。实习医生扎了好多次针，手术台上洒下我的血和泪。我当时在脑子里一遍一遍地问自己："为什么偏偏是我？"

我回顾自己创业以来所有的行为：没在家里吃过一顿饭，都是点外卖；每天都很忙，经常熬夜；从来不运动，觉得自己身材还可以。

"忙"是一系列恶习的通行证，最后逼迫我走上了手术台。

那时我遇到一个女病友，50多岁，有两个孩子，夫妻恩爱，她是个成功的企业家、有名的作家，感觉她就是传说中的"人生赢家"。她做过甲状腺切除手术，当她摘下丝巾给我看时，脖子上那条贯穿左右的疤痕，触目惊心。

我不想过不"美"的生活，给自己半年时间，如果病情没有好转，就去切除甲状腺。

我开始研究人体健康和精力管理，好好吃饭，好好休息，好好运动，并总结了一套习惯管理、精力管理和情绪管理的方法，结交了很多医生朋友，报名参加了心理成长班，自学医学和营养学，让自己从新手变成专家，通过调养，结节康复了，颈项美又回到我身上。

这件事过去 2 年多了，每次想起来，我心中感慨万千，"又忙又美"这句话的作用很像"甲状腺"这种平衡调节器。

当我把所有精力都用于忙工作时，忙到差点失去健康，而健康正是"美"的内在基础。

现在我工作依旧很忙，最长的一节课讲了 21 个小时，但我比过去更懂得时间管理和自我调节。每当我觉得工作很累时，我就想，我要美美地站在"舞台"上，美美地跟大家对话。所以我在该工作的时候努力打拼，该休息的时候就安心调养。

如何做到又忙又美？去年，我健身 101 次，每周 3 次固定练习泰拳，累了就休息。每次和家人在一起时，就全心全意地陪着他们。每天也拥有百分之百属于自己的时刻，全身心地投入自己喜欢的事情，看电影，去旅行，让生活更有仪式感，让自己的身心保持美丽。

在我看来，"又忙又美"是一种独立精神，是一种内外兼修，即使每天工作很累，也要美美地活着，这种美，不为别人，而是为自己。

新版序

不焦虑的活法：宜戒断患得患失

非常荣幸，《当你又忙又美，何惧患得患失》迎来再版。这本书对我意义重大，所以在再版之前，我花了不少精力，重新修改，增加新文。

这5年来，我们的经济、处境、情绪都经历不小的变化，当书籍再版时，我还是想沿用书名，既有普世痛点，又有解决方向，散发着劲爽酷脆、催人不屈的力量感。

这些年来，我们被大剂量的"患得患失"心态折磨着。

在感情里患得患失。有个男性读者给我留言，说他老婆生完孩子后在家做全职主妇，他忙了一天下班回家，每晚面对老婆的"灵魂四问"：一问是不是不像以前那般爱她了，为什么没有接电话？二问是不是在外面有人了，为什么微信里有和其他女人的聊天记录？三问是不是有了私房钱，为什么工资跟上个月的金额不一样？四问她是不是长胖了、脸黄了，为什么她换完衣服他没有眼前一亮？

在工作上患得患失。想去跟老板提涨薪的事，担心被认为雇佣成本大，话到嘴边欲言又止；看到直属领导面无表情，就担心自己哪个地方没做好，或者哪句话说错了。

在人际关系上患得患失。看到同事在茶水间谈笑，担心自己是受到了他们的排挤；在更新朋友圈的时候，纠结这条信息会让人觉得自己有什么弦外之音；面对同学会邀约，衡量着自己这些年混得好不好，拧巴半天也没有答案。

患得患失，思前想后，猜来猜去。在感情中，患得患失最容易把对方推得更远；在工作中，患得患失最容易把精力用错方向；在交际中，患得患失最容易让自己内耗增大。自己活得累，身边的人也觉得累。

当你追求"又忙又美"的时候，留给患得患失的时间就少了。

在我看来，追求"又忙又美"的人生状态，是对"患得患失"这种心态开出的最对症的处方药。

大学毕业后我在深圳某公司海外部上班，负责印度市场。作为跨专业就业的新人，我每天玩命工作，中午狼吞虎咽地吃完外卖，挤出午休时间泡行业论坛；加班到很晚，回到家后继续研究业务；晚上睡不踏实，生怕半夜接到工作电话；周末找印度电影来看，逐句按下暂停键，让耳朵适应难懂的印度口音英语。

正当我工作越做越顺时，突然得了支气管炎，咯出血来，一脸病容，尽管如今看来不算重病，但那时的我免疫力太差，病情起伏，久不见好，只能辞职回老家休养。

再次回深圳工作时，我立志要成为奋斗派中的养生党，不管工作多累多忙，都不能忘记"又忙又美"，每日"四省吾身"：饮食健康否？坚持锻炼否？作息规律否？心情愉悦否？

又忙又美的生活，是工作和健康的平衡。

在深圳工作几年后，我对持续繁忙的工作深感疲劳，对新鲜多元的活法心向往之，于是搬到二线海滨城市安居乐业。

工作量变少，生活节奏变慢，闲暇时光增加。起初我觉得这滋味妙不可言，可渐渐我发觉闲下来容易让我瞎想：今天担心社会变化大，自己的竞争力不行；明天担心老公会出轨，自己的吸引力不够。

好在我利用闲暇时间开始做自媒体写作，慢慢养成早睡早起、每天早起写作的习惯。上班时争分夺秒完成任务，下班后捕捉灵感看书写作，工作间隙见缝插针锻炼身体。

让自己充实起来后，哪儿有精力担心自己的职场竞争力和感情吸引力，哪儿有工夫把感情和人际关系中的小事"以小见大"？

工作时专心投入，工作之余，就想选题，想到好句子兴奋极了；写作之余，就"不择手段"地伺候皮囊；思虑过度，就去找技师帮我按摩头部舒缓神经；久坐一阵，就去健身房挥汗如雨、释放压力。

又忙又美的忙，是高质量的忙。

哪些属于低质量的忙？在我看来，瞎忙、白忙、为谁辛苦为谁忙，整天忙于紧急但不重要的事，像牛马一样赚钱，投资风格却很"虎"，大事小情全权包揽，不放手，把着干，剥夺别人成长的权利，还把自己逼成又凶又强势的样子，忙到透支身体，忙到情绪崩溃，这是低质量的忙，正如"忙"的字面意思：心亡。

而高质量的忙，是既能与内心深谈，也能调动身体深度工作、高效做事，在利他和利己的结合处，打造自己的优势能力和核心竞争力，善用时间管理和精力管理，把该做的事情做好，还能腾出手来，把想做的事情也做好，忙着认识自己，忙着体验人生，忙着探索未知，没有浪费自己的才华和能量，尽自己最大限度，把自己活出来。

又忙又美的美，是高段位的美。

哪些属于低段位的美？在我看来，空有皮囊却脑袋空空，为了变美而牺牲健康，对美缺乏思考和感受，盲目跟风服美役，被消费主义洗脑，内化男性凝视，成为美的客体，心甘情愿被审视、评价、打分，把身上的每个部位单独拎出来，再对照各部位的标准，比如天鹅颈、蜜桃臀、蝴蝶背，毁掉自己的食欲和心情，不断苛责自己、厌恶自己，这样真的不美。

而高段位的美，是生机勃勃，是元气满满，是眼里有光，养成健康自律的生活方式，修炼自信积极的心态，注重精神世界的质地，敬重自己的身体和灵魂，对美有独家理解，内在美与外在美兼修。就像雷庆瑶所说的：美丽不仅仅是漂亮的外表和美好的心灵，更是敢于向不完美的人生宣战的勇气。

我见过那么多人，最欣赏又忙又美的人。

那个爱生活、爱工作的人和爱自己、爱打扮的人，大概率是同一个；那个在工作上自律的人和在保持颜值上自律的人，很可能是同一个；那个在工作上懂得时间管理的人和在

生活上懂得精力分配的人，很可能是同一个。

我们都是必死的凡人，那些想东想西、畏首畏尾、患得患失的时间，大部分成了人生的垃圾时间，实在不甘心，活得又忙又美，看到春和景明，此番才尽兴。

前言

女人要有又忙又美的心气

看小说《我想睡上一整年》时,我感觉心气被逐渐抽走。

小说里的女主人公,芳龄26岁,一头金发,身材窈窕,长相漂亮,名校毕业,住在地段好的公寓里。

别人觉得她条件很好,她却在无声地崩溃。"我不特别想哭,也不特别想笑,对周围的事物不再有感觉。"

对工作无所谓,睡得昏天暗地,导致被开除,懒得社交,相当厌世,谴责世界,不在乎自己的形象和身体,一周顶多冲一次澡,每次夜里醒来,就去街角的杂货店买两大杯咖啡,眼角偶尔挂着眼屎。

我知道她情有可原,需要帮助,但我看到全书三分之一处,理智告诉我,不能再看了,我的心气已经低到警戒水位以下了。

不管是小说中，还是现实生活中，我能很快识别出一个心气不足的人，或一个人处于心气不足的状态：大多蓬头垢面、赘肉耷拉，不同于忙于兴趣的不修边幅，也不同于爱吃美食的快乐人类，他们对啥都不满意，对谁都有意见，做事毫无兴致，说话唉声叹气。自己不去找乐，别人好不容易找到，马上把别人的快乐打翻。对正能量持质疑态度，认为负能量才是硬道理，相信潜规则和阴谋，不信明规则和阳谋，早就不看书了，对自己和外界毫无兴趣，但也不耽误爱跟身边人比来比去。

当你心气不足时，怎能又忙又美？

演员殷桃说："人最怕是没了心气。"

我深以为然，钱没了可以挣，身体差可以养，能力差可以学，没志向可立。但心气没了，爱好、欲望、动力都走弱，心气容易消失于生活的残酷暴击或慢刀割肉中。

在婚姻里没心气的人会说"大家都是这么过的""婚姻就是两个人凑合过"，既不改，也不散。

在工作上没心气的人会说"当一天和尚撞一天钟""拿多少钱就干多少活"，既不爱，也不辞。

在生活中没心气会的人说"比上不足，比下有余""还能咋办，凑合过呗"，既不逃，也不闯。

是正确，就是没劲。

我见过不少姑娘走入婚姻后，日子久了，被无趣的工作、强势的公婆、爱无能的老公、高需求的宝宝，消磨了心气。

我在产后经历了心气低谷期，又胖又秃，乱头粗服，兴趣爱好清零，上班时感觉被边缘化，不想上班，回家后感觉只有卧室才是家，不想回家。

有一天，我坐在小区里的椅子上，我想起结婚前那个眼里有光的自我，兴致勃勃，活力满满。

我一点点回忆自己是怎样一路走到眼里有光的？是父母的托举，加上自己的努力。我爸妈为我接受更好的教育付出良多，中考前，陪我练立定跳远，高考前，在家说话和看电视都静音。一路走来，我刷了多少题，看了多少书，简直是踏着时间的骨头走到现在。

我可不能让婚姻把心气磨掉，我可不能亲手让自己"回到解放前"，我可不要活成主语缺失的模样。

没有人拥有置换掉我的成长空间的筹码。

想通之后，我开始最大限度地保护我的心气。

1. 身体与心气成正比

规律、足够的睡眠，营养、干净的三餐，越少越好的零食，恰如其分的运动，清爽整洁的环境，都会滋养一个人的心气。

有段时间，我捏着腰间的赘肉，想报班锻炼，又觉得工作忙、带娃累、没时间、不想花钱……当我进入找借口模式时，心力迅速下降。

后来我看到家里早已沦为挡窗户工具的壶铃，马上搜壶铃半小时跟练视频，立即开练，练两天休一天。

这让我心气渐增，一是因为运动分泌的多巴胺和内啡肽，二是因为数次运动后腰、腹、背的紧实，三是因为用办法克服困难带来的提振。

以前我因伏案工作，隔十天半月就会腰酸背痛，在身体不舒服时，我容易产生自怜情绪，觉得活得很苦，命运不公，遇人不淑，得去按摩。但自从迷上练壶铃，我很少有腰酸背痛和自怜情绪，总感觉有力气使不完，没事抡起壶铃做几个硬拉，迎来了品质更高的睡眠、效率和心情。

2. 多与感觉好的一切在一起

远离过度吸食自己心气的人，警惕那些贬损你的人、把你拉入争执的人，他们也只是没心气的人罢了，在做事上掀不起波澜，就在做人上惹是生非。

不喜欢做的事情、感到煎熬的事情，在自己能力范围内，能少做就少做。多和山川湖海花叶在一起，多与让自己感觉良好的人和事在一起。

3. 加深又忙又美的信念感

多年来，我喜欢且习惯写日记，三日不写，就面目可憎，我的日记三板斧是：

第一部分，忙，一般写关于工作、写作、育儿的进度、思考和改进。

第二部分，美，通常聚焦身体层面，睡得如何，吃得怎样，有无运动。

第三部分，分析让我患得患失、心生纠结的问题，把自己从模糊的情绪中打捞起来，理性地把问题写出来，先描述，后分析，面对左右为难的选择，选左弃右的得失、选右弃左的利弊，既要又要的难度，通常带着答案去写，写完带着答案出来。

这些年，我有个感觉，生活是个巨大的服从性测试题库，而有些又忙又美的人可以挑题做。

当你心气不足时，怎能又忙又美？又忙又美的人确实存在，而且数量可观，当我力求成为其中一员时，就拥有强烈的又忙又美的信念感，于是，我有了两个正在执行的秘密项目。

一个是忙的项目，平时该上班就上班，私下干件喜欢的事。我对此严肃认真，热忱坚持，每天取得进展。

另一个是美的项目，年轻时，我有大把自由时间，试图修炼内在美和外在美。现在我从很多榜样身上借鉴，我从一个50多岁还跑马拉松的姐姐那儿学到，拿个软皮泡脚桶，接满热水，站在里面，边淋浴边泡脚；我在文化沙龙上看到很多女性，平时工作忙归忙，周末打扮得漂漂亮亮，眼睛放光地在舞台上分享。

时间、精力如此有限，做不到让所有人都满意，做不到让所有选择都无憾，人生找到一两件想做好的事情已属不易，为此，我要远离会吃掉我心气的人和事，对我向往的、相信的一切，让其发生在自己身上。

Always
Love
Yourself

Chapter 1

不可低估一个穿衣好看的女人

> 美丽不仅仅是漂亮的外表和美好的心灵,更是敢于向不完美的人生宣战的勇气。不是老天给了你什么,你就是什么样子,而是由你自己来选择你是什么样子。
>
> ——雷庆瑶

不可低估一个穿衣好看的女人

我暗中观察一个同事很久了，因为她的穿搭很有品位。最近我终于总结出，这个身高一米七的哈尔滨姑娘穿衣好看和生活习惯之间的映射关系。她能把普通衣服穿出高级质感，我觉得很大的原因是她着装有挺拔感，每次见她走路都是双肩打开、抬头挺胸的。她能驾驭难以搭配的颜色，而且防晒习惯也很好，出门戴遮阳帽、撑防晒伞，开车戴长臂手套。她饮食清淡，聚餐吃火锅时，只吃清汤，连吃饺子都不蘸料，从我认识她到现在，她就没胖过。

听说她坚持健身多年，有一次我陪她逛街买衣服，她试穿了一条紧身裤，把我惊艳到了。我夸她腿长，穿什么都好看。她走到我身边与我比腿，没想到我俩的腿差不多长。她自嘲比例不够好，高出来的身高没有长在腿上，而是长在了腰上。以前她总是穿韩式高腰连衣裙，假装自己腿很长的样子。健身后，腿部的视觉效果修长很多，于是她开始随心所欲地改穿裤子。

我很诧异，健身还能把腿练长吗？她跟我讲，她这些年经过做各种有氧和无氧运动的穿插锻炼，小腿变得比以前紧实很多，大腿稍微粗了一点，臀部也有明显的提拉，整个人看起来重心上移。另外，她每次运动后坚持拉伸，敷面膜时把腿抬起来靠在墙上，双腿就变得修长了。

听她说完，我心里不禁感慨：永远不要小看任何一个穿衣好看的女人，她们从体态到肤色，从饮食到健身，都散发着自律和坚持的迷人香味。

尼采说："女人如果没有本能地去做配角，就不会那么精通穿衣打扮。"我虽然是尼采的"铁粉"，但我并不认同他这句话。在我看来，职场上越有主角意识的女人，越是精通穿衣打扮。毕业初我在公司接受新人培训，讲师教完各种着装规定后，对我们说："看一个人的穿着，就能看出这个人是否尊重这份工作。"

当时坐在台下的我想，这未免太过形式主义了吧。其实不然。拿我自己来说，我参加一场重要的面试，或见重要的客户，的确比平时更注重穿着。前一天我就提前搭配好要穿的衣服，用挂烫机把衣服熨烫平整，第二天出门前还会用粘尘器在衣服上来回滚一下。

经验告诉我，穿着干净得体，会更加从容自信，做事情也会比预期更加顺利。对穿着越是用心的人，工作表现也越好。

高中时，我们班的语文成绩一直称霸全年级。我还记得语文老师当时穿着宽松素雅的旗袍，给我们讲宋词婉约派的场景。她的头发盘成发髻，一支簪子贯穿而过，眼波流转地吟诵诗词，当时我们觉得语文老师简直是从唐诗宋词里款款走出来的才女，同学们更爱学语文了。

我曾参加过一场艺术沙龙，主讲人是文化学者杨道立老师，她从巴黎奥运会开幕式，讲到当下的文化艺术，她的穿搭平衡了休闲和正式，暗合了法式松弛感，戴了一个圆形吊坠，呼应了奥运元素，时隔半年，我仍然对她当时的穿着和分享的内容记忆犹新。

杨澜在《提问》一书中，总结采访时的穿衣心得："纯白色会显得肤色黑，纯黑色不反光的面料会看上去沉闷，细条纹或碎格子的衣服会在屏幕上'闪'。"

此外，她还需要考虑服装的样式、颜色、风格，与采访环境、嘉宾身份、访谈内容的契合度。如：采访政界要员，就穿单色套装；采访艺术家，要混搭出美感。最让我感慨的一个细节是，遇到刚到酒店就得迅速出门的情况，她就把服装挂在淋浴间内侧,借用洗澡时的蒸汽让面料舒展开来。

我从杨澜的"敬衣",领略到她的"敬业"。

有些人可能会觉得女人花时间在穿衣上,用于钻研业务的精力就少了,但我认为有实力的女人往往更会打扮,女人注重着装就是一种职业化的表现。在我看来,穿衣好看的人,并不是那些买得多、买得贵的人。正如时尚主编晓雪在《优雅》一书中这样写:"最不会穿的女人,会把一身logo(商标)穿在身上,再漂亮也是人家logo的本事,不是人的本事。聪明女人要学会藏起logo的光芒,让自己发光。"

我越来越佩服这些把衣服穿出灵魂的人。比如演员玛丽莲·梦露,她能把铅笔裙穿出无与伦比的韵味。梦露除了拥有天赐的好身材,还有她刻苦训练的"梦露步态"——据说是削掉一只高跟鞋后跟的1/4英寸[1]后,呈现出的走路姿势。有位导演评价说,梦露只需简单地迈几步,就比大多数演员说6页台词蕴含更多意义。

又比如学者刘瑜的妈妈。刘瑜妈妈说,当年下乡劳动的时候,一切讲究穿着打扮的行为都可能被批判为资产阶级习气,但是她实在太爱美了,于是想出一个法子。"做件花衬衣,然后把领子翻出来"。刘瑜这样评价她的妈妈:"当年

---

[1] 英美制长度单位。1英寸合2.54厘米。

在一片灰黑蓝中翻个花领子的我妈，比今天浑身名牌的女星还要时尚。"

以前公司某个新员工是个女孩，第一天报到时，穿了一身职业套裙，但说话畏畏缩缩，让人有种她借穿了妈妈的衣服的不适感。但随着她在工作上逐渐独当一面，业务能力快速提升后，她的职业套裙像是为她量身打造的战袍，塑造了一种走路带风、气场全开的气质。

你看，这些穿衣好看的人，无一不是把对美的执着、对生活的热爱、对自己的信仰，统统穿在了身上。穿衣越来越好看的女人，从外表看，是身材、肤质、仪态的全方位进步；从内在看，是自省、自知、自信的立体化升华。

我相信，一个穿衣好看的女人，远比你看到的更加好看。

爱美女人最好运

有段时间，我手臂皮肤上长了个瘤，医生建议切除，到了手术预约日，我很早就起来梳洗打扮。

平时只擦防晒霜的我，那天对着镜子做出露八颗牙的微笑，把腮红抹在笑肌上；

平时只涂润唇膏的我，那天翻出嫂子送我的口红，涂完润唇膏后再涂上口红；

平时不喷香水的我，那天新开封一瓶香水往空中喷，身体靠近香雾沾点香气。

专门请假陪我去医院的老公，看着我一反常态地精心打扮，满脸尴尬地问我："咱们去个医院而已，至于这么捯饬吗？"我回答："当然至于了，虽然只是个小手术，我也挺害怕的，打扮得比平时更好看，我会更勇敢。"

每次身体不舒服，我就会有意识地化个小妆，涂点口红，抹点腮红，决不让病容蹬鼻子上脸。每次心里难受时，我都会翻出颜色鲜艳的衣服穿在身上，穿一身灰黑只会让我更加郁闷。我发现，在妆容或穿搭方面动下手脚，是切换心情最简单快捷的方式。

涂口红的时候需要集中精力，抹腮红的时候需要面带微笑，试衣服的时候需要昂首挺胸，那些身上或心上的疼痛，瞬间就变得没那么嚣张了。

对我来说：害怕的时候，爱美可以壮胆；倒霉的时候，爱美可以转运。

有阵子，网上流行"上班恶心穿搭"，我好奇心发作，真有那么舒服、省事、松弛吗？于是我决定拿自己做个实验，我顶着三天没洗的头发，穿着耐脏、变形的丑衣服去上班，那天的班被我上出一种破罐破摔的感觉，对人说话态度不耐烦，唉声叹气的频率更高，闲聊时更容易抱怨诉苦，整个人灰头土脸，无精打采。下班路上，我还遇到两个给我发传单的人，一个让我扫码领小礼品，另一个告诉我健身有优惠，让我感觉自己是个看上去时间不值钱却契合商业痛点的人。不爱美的一天，消耗了我的能量，折损了我的运气。第二天，我打扮得利索干练，我感知到自己嘴角带笑，眼睛放光，说话有底气，与人沟通顺畅，写作时感觉灵感旺盛。

我突然间就理解了《美食，祈祷，恋爱》的作者伊丽莎白·吉尔伯特说的："没有自信或找不到创意、灵感时，我会看镜子中的自己说，看看你这个样子，创意怎么能不躲着你呢？我会把自己收拾得干干净净，脱掉那套旧睡衣，然后洗个澡，把腿毛剃干净，穿上得体的衣服，刷牙洗脸，再涂上口红，之所以这么做，就是为了把创意重新引诱到我身边。"

两天的对照组实验，让我相信一个玄学——爱美让人好运。《秘密》一书中写"当你感觉美好的时候，你会发出强力的频率，吸引更多让你感觉美好的事物回到你身上"，爱美就是这样让我感觉良好，心态正面，屏蔽更多坏消息，收到更多好消息，把好人喜事吸引到我身边。

记得上大学时，我们寝室有个女生不明不白地失恋了，长吁短叹地问自己哪里做错了，整日以泪洗面，陷在回忆里。后来，我们另外几个人敷面膜的时候，就给她一片；跑步的时候，软硬兼施地拽着她；买衣服的时候，帮她挑几件让她试穿。

做这些爱美的事情时，她从毫无心情，到半推半就，再到积极牵头，她状态复原得比我们想象中快得多。爱美，让她主动远离负能量。

曾听说，撒娇女人最好命，这我不确定，但我认为，爱美女人更好运。

雷庆瑶有段题为"变美的权利"的演讲。

3岁时遭遇电击而痛失胳膊的她，身上有很多标签：残疾人游泳运动员、大众电影百花奖最佳新人、全国自强模范。但她给自己的标签是——爱美狂人。

她喜欢化妆，就算忙到没时间，至少也要涂上口红再出门；她喜欢旗袍，自己设计款式，挑选布料，给自己做优雅的旗袍。

她说，爱美是女人的天性，爱美就是爱自己。美丽不仅仅是漂亮的外表和美好的心灵，更是敢于向不完美的人生宣战的勇气。不是老天给了你什么，你就是什么样子，而是由你自己来选择你是什么样子。

爱美，让自己成为想要成为的样子。

电视剧《山花烂漫时》中，创立了华坪女高的张桂梅校长回顾过往，有段台词说："但是就有一个人，我一直忘不了，是一个年轻的女干部，城里派下来的知识分子，人长得漂亮，总穿件白衬衫，一股飒爽劲，有一次山洪暴发，那个路都给冲垮了，我们几个小孩被困在田埂下面，当时她跟着救援队的人一起来，那个鞋啊，都没了，就光个脚，在那个泥水里蹚着，把我们一个一个地拉上来……雨水把白衬衫给打湿了,但是那个袖口还是高高地挽起,一点狼狈的样子都没有,还是那样生机勃勃,当时我脑海里就有一个念头,女孩子是多么美好的生命,就应该一尘不染地漂亮,哪怕是深陷在淤泥里,也应该是闪闪发光的……还应该有眼界、心气,不管她们未来何去何从,都要活得干干净净、漂漂亮亮的。"我不知道这是剧本创作,还是真实经历,但在我的过往中,我确实在内在美和外在美相互辉映的人身上,找到榜样的力量,她们除了想做漂亮的女人之外,还想过一种漂亮的人生。

我在网上看到一张图片,自从把这张图片设置成我的手机壁纸以后,我的运气值都提高了,每次打开手机看到屏幕,都被注入积极心理暗示。

这是一张什么样的图片呢?在一个英气漂亮女人的面孔之下,有段文案:**我就是又美又强,干什么成什么,我就是幸运命好,想什么来什么,贵人相助,从不内耗,我的事业会迎来转机,上天会眷顾我,我就是可以成为自己想成为的人。**

好好打扮是走出低谷的捷径

有段时间我妈住院，我在医院陪护时，同病房的一对母女引起了我的注意，因为她俩太爱打扮了。

阿姨和她女儿打扮的细节让我印象深刻。

擦脸：病人大多只拿块热毛巾擦把脸就算了，而阿姨的女儿则每天早晚端来热水给她泡脚，再把护肤水、面霜、眼霜码放整齐，让阿姨一边舒舒服服地泡脚，一边全身放松地擦脸。

穿衣：其他病人所穿的睡衣大多是楼下小店老气横秋的款式，而阿姨自带的暖色修身棉质睡衣，让气色和精神显得很好。她下床走路时，即使腹部有伤口，脊背也尽可能挺直。

梳头：其他病人颈部插着管子不能洗头，经常躺着，所以都放弃了发型，但阿姨格外注重头发，每次起床都会梳头。天热时用热毛巾一缕缕地擦拭头发，头发干后又变着花样地编发。

她女儿也特别爱打扮，我们作为病人家属陪护，晚上都是在病房里铺张行军床就睡了。那几天我又累又丧，一切从简。阿姨的女儿与我形成鲜明对比，晚上洗漱后认真护肤。早上她从卫生间出来后，脸上有好看的淡妆，身上也有好闻的香味。

这对爱打扮的母女，不仅成为病房的美丽风景，更让病房充满励志气息。

阿姨脖子上插着CVC管（中心静脉导管），仍脑袋后仰、闭着眼睛、表情享受地轻拍眼周的模样，不仅震撼了我，更触动了我妈——让人觉得阿姨有一种船到桥头自然直的镇定和体面，丝毫未被病痛吓倒。

有天陪我妈下床走路，我妈感慨，女人无论如何都要爱美，就算日子再难，也要好好打扮。经过一番打扮，心情就会变好，人也更有精神，像那位阿姨一样护理皮肤、注重穿着、挺直腰背，连气色都会好很多，病友和护士都夸赞她，这对她也是积极正面的鼓励，结果她真的恢复得很快。

那是我第一次觉得爱打扮的女人这么了不起，那种不管境遇与现状如何，都要精心打扮的坚持，让人显得神采奕奕。

我以前看过一个阿根廷的彩妆广告：即将出狱的4个不

同年龄、不同背景的女人，却有着相同的畏惧和无措，她们担心重新融入社会比过监狱生活更加艰难。这时一群化妆师走进监狱帮她们打扮，她们欣然接受，并主动沟通。崭新的发型、闪亮的眼影、明亮的口红，镜子中的她们越发自信、兴奋，相互夸赞，开怀大笑。

打扮好的那一刻，她们觉得已经准备好了迎接重生。没有惧怕，不再踌躇，勇敢走出监狱，投向家人的怀抱。

这个广告我一直铭记于心，一个特殊的故事，传达一个普世的观念：**"美"对大多数女人来说都十分重要，通过好好打扮，唤醒美丽与自信，获得取悦自己、笑对困境的力量与勇气。**

遥记英国协议脱欧时，全球哗然，首相卡梅伦黯然离职，继任者特蕾莎·梅仓促上任。爱打扮的特蕾莎·梅一直是"政坛超模"，她从不重样的高跟鞋被广大女性同胞持续热议。

当天她顶住巨大的压力接过"烫手山芋"，踩着一双豹纹高跟鞋，穿着黑黄拼接的大衣，入住唐宁街 10 号首相府，引得媒体纷纷以"豹纹高跟鞋将统治英国"来报道她的上任。穿着色彩明亮的梅，让民众精神为之一振，她发出有力的宣告："脱欧就是脱欧，我们将使之成功。"

一个爱打扮的女人，即使深陷困境，也依然会给人们一种"我有自信"的优雅，以及"我能搞定"的力量。

叔本华曾说："精心打扮，假装具有某种素质，其实就是承认自己并不具备这样的素质，是种自我谴责和贬低。"

叔本华很多话都开导过我，但我拒收这句。对待打扮，还是女人更懂女人。

波伏娃所说的这话深得我心："人们常说，女人打扮是为了引起别的女人的嫉妒，而这种嫉妒实际上是成功的明显标志；但这并不是唯一的目的。通过被人嫉妒、羡慕或赞赏，女人想得到的是对她的美、她的典雅、她的情趣——对她自己的绝对肯定；她为了实现自己而展示自己。"

有句老话叫"人逢喜事精神爽"，但我更佩服没有喜事时把打扮当成喜事的女人。

之前有个读者"深白色"给我留言，她说："每次在工作和生活中管不住自己脾气，都是自己没化妆、没打扮的那一天。而打扮得美美的的时候，感觉一切都很美好，连发脾气都觉得是对自己光鲜外表的亵渎。"我喜欢她对打扮的诠释。

我第一次见到我老公的姥姥时，她出门迎接我们，她穿着藏青色的呢子大衣，戴着暗红色皮制手套，精神抖擞，神采飞扬，感觉与80多岁的高龄没一点关系，后来无意间听人说起，姥姥每次出门前都会精心打扮，脸上、手上有几颗老年斑，也要用粉底遮瑕。爱打扮的姥姥又可爱又抗老。

经常有人把内涵和外在对立起来，甚至以此来讽刺爱打扮的人就像一个精美的灯笼架子，里面没有灯。但我更相信，一味标榜内在而忽视外在，也是一种肤浅。一个女人是否爱打扮，打扮得好不好，是她价值喜好、生活方式、性格教养、审美品位的外延，你甚至能从她的打扮方式看出她目前的生活状态和理想愿景。

打扮并不是一种简单的行为，爱打扮是一种态度，会打扮则是一种能力。打扮既需要充分的自我认知，还得有时尚美学的知识储备，最重要的是，不管今天境况好坏，都愿意维持一种创作的心情，给自己和别人一点惊喜和美好。

当我生病或心情不好时，其实只要我去洗头洗澡、打扮打扮，就能快速振奋精神。打扮过程中，我对着镜子中的自己，涂口红时亲吻自己，抹腮红时面带微笑，试衣服时挺直腰背，痛苦被一点点地稀释，能量被一丝丝地聚集。这让我明白：人不能被动地等着"人逢喜事精神爽"，当遇到糟心事感到不顺心时，要主动打扮自己，让精神变"爽"。

一个爱打扮但不只会打扮的女人，仿佛人生的好牌不发到她手上，她都不服气，她就是要打扮好看地救自己千千万万次。

当你放弃自己的时候，你就老了

我最近看了日本作家冲幸子的书——《精彩人生的一分钟小习惯》。

在第一篇文章里她就写道："我的目标是看起来比实际年龄年轻15岁，为了这个目标，我始终用心维护自己的身体健康。"

好巧，我也是。

很早以前，我就给自己定下了阶段性的小目标：35岁之前，看起来比实际年龄年轻5岁，50岁之前看起来年轻10岁，60岁之后向着比实际年龄年轻15岁努力。

我好奇：冲幸子是怎么做的？

吃饭篇：买菜时根据"七色板"（红、黄、绿、白、茶、黑、紫）来选购时令蔬菜；吃饭要讲究顺序，先吃蔬菜（植物纤维），然后吃鱼或肉（蛋白质），最后吃米饭或面包（碳水化合物）。

运动篇：在日常生活中不放过任何锻炼机会，穿袜子或裤子都要抬起腿站着穿；没空去健身房，也要趁看电视或听音乐时原地踏步；逛街时会通过橱窗里映出的身影，检查自己的姿态。

睡眠篇：睡前尽量不要接收过多的信息，实在睡不着就钻出被窝做瑜伽，给脚踝和腿肚子做按摩。她相信把写着愿望的纸或喜欢的人满脸笑容的照片放在枕头下，会睡得格外香甜。

舒压篇：熨烫衣服时，她会在蒸汽熨烫机的水里加入一滴香水；留意生活中令人感动的瞬间，闲着没事就想些高兴的、有趣的事，想到哈哈大笑为止。每天早上起床打开窗户做个深呼吸，清空身心压力。

待人篇：送客出门时她会在心中为客人祈祷平安，与人对视时笑着打招呼，说话有礼，热心助人；在生活中尽量做一些能够使他人感到高兴的事，这么做会让自己觉得很幸福……

尽管做这些小事用时几乎不超过 1 分钟，作者也没有传递出任何苦涩感，但我丝毫不觉得，让自己看起来比实际年龄年轻 15 岁是件轻松的事。

我透过现象看到的本质是：那些看起来显得年轻的女人都有两把刷子。她们对待生活有着超凡的洞察力、执行力和信念，对自己的身体心怀敬意。这样的女人真不简单，连时间和衰老想对她们下手前，都得仔细掂量掂量。

综艺节目《王牌对王牌》，某期请了刘嘉玲等"逆龄"女明星前来参加，其中一个环节来了四位嘉宾，让明星们找出其中谎报年龄的人。

这里我就直接"剧透"了，其中，一号、三号和四号嘉宾都报了真实年龄。

一号，44岁，她有一个21岁的女儿和一个13岁的儿子，相信筋长一寸寿长十寸，经常将双手背在背后合掌，整个人洋溢着少女气息；

三号，56岁，她有三个小孩，孩子年龄分别是24岁、22岁、20岁，她说她的冻龄离不开两根擀面杖，有事没事就拿擀面杖擀腿、敲胆经、滚肚子；

四号，52岁，文工团的舞蹈演员，看电视做家务时，把舞蹈基本功融进去，炒菜时腿部做擦地状，洗脸时做鬼脸锻炼脸部肌肉。

二号，谎称45岁，但其实35岁的她也比同龄人年轻很多。

天生丽质的女明星也频频惊呼，万万想不到四位嘉宾看上去如此年轻。

刘嘉玲说："我觉得老不是一天的事情，老是突然之间来的，当你放弃自己的时候，你就老了。"

这个节目环节励志、感人、干货多，创意方法我都记在了小本上，还买回一根擀面杖，但我没坚持多久。所以我更佩服那些看上去比实际年龄小很多的女人，比懂理论、会妙招更难的是践行，比践行更难的是——几十年如一日地坚持。

在我看来，夸人看起来比实际年龄小，夸的绝对不只是字面意思，因为年过三十后，显年轻的每一岁，都是靠自己努力挣来的。我一直在思考一个问题：显年轻的人，有哪些共同点？据我观测：

1. 用自律"打底"的生活习惯

常规方法无非是饮食均衡、作息规律、坚持运动、心情愉悦这老生常谈的四大"护法"。非常规方法，前文冲幸子和综艺节目里"逆龄"嘉宾的方法都可择善而从。

我觉得不做防晒最容易变老，早些年我见过一个比我小3岁却没有防晒习惯的姑娘，脸上的细纹比我多出许多。

但因为我以前防晒做得太到位，所以数月前被检查出严重缺乏维生素 D，现在只能遮起脸来晒后背，针对性地食补，或者服用维生素 D 补充剂。

虽然我们需要努力保持年轻，但用力过猛，会适得其反。

2．让自己的内心有钝感力

出生于民国时代，从小美到老的秦怡，是我心中的榜样。

秦怡的第一任丈夫不仅酗酒还家暴；第二任丈夫因胃出血卧床不起；儿子从有抑郁症倾向，发展成精神分裂并无法治愈；后来秦怡自己还被查出患有肠癌。

她经历的事，但凡有一件让我碰上，我立马就会崩溃。但她的钝感力，使她从未陷在困苦里自怨自艾。据说她演戏还带着儿子。"演完戏还被儿子打，我只能求他别打脸，因为妈妈还要演戏"，她的口头禅是"算了，算了"。

她的"糊涂"与"钝感力"救了她，出演《妖猫传》里的老嬷嬷时，你看得出她95岁了吗？

3．与世界产生高质感关联

我老家有个阿姨，长得漂亮，性格温柔，40多岁了，至今未工作过，她从条件好的父母那儿"无缝"嫁到条件更好的老公那儿。

前几年我见过她，皮肤依然细腻无瑕，身材依然苗条纤细，但我并不觉得她迷人，因为她死气沉沉，毫无精气神。我见过很多显年轻的美女，样貌未必无可挑剔，但她们眼神里有火苗，心中有火花，总是怀着好奇心向前探索。

我曾听一个做代购的美女说："在电视上或路上看见集装箱，总觉得其中某个集装箱里的东西经过自己的手。"也听写作搭档庆哥说："想到自己写的文章，不知道何时何地何篇，被人看到，给人鼓励，心里就觉得很满足。"感觉自己和世界产生着关联，自己做的事让别人稍微感到幸福，这样的人在精神上会青春延续。

我的偶像尼采曾说："一个人只有充满矛盾才会多产；只有灵魂不疲沓、不贪图安逸，才能永葆青春……谁放弃战斗，他就是放弃了伟大的生活。"

是的，谁放弃了自己，谁就放弃了显得年轻的可能。看起来年轻的女人，总是期待自己今天晚上睡觉时，比今天早上起床时优秀一点、自律一点、豁达一点。

持续自律的姑娘,颜值都很高

持续自律,让身材越来越好

有段时间,我去了一家朋友介绍的健身工作室。

测完身体各项指标后,打印分析报告的间隙,我四处转转,看见一面墙上贴着学员健身前后的对比照片。这面墙壁充分印证了健身房是"大变活人"的魔术场地。

我的目光停留在一个学员的背面照和侧面照上。

训练之前的背面照,她双手叉腰,肩胛骨往后用力夹,背部的脂肪朝外凸显出来,手臂肉有垂坠感;训练之后的背面照,她双臂从身体两侧向上举起,握拳弯曲肘部,后背的肌肉变得平整,手臂肌肉线条紧实。

训练之前的侧面照,她穿着露肚子的健身衣,明显看到露出的肚子比健身裤凸出一截,脸上的肉"超载"到有点往下掉的感觉;训练之后的侧面照,"马甲线"的线条很明显,单看侧脸都能感觉到她的脸小了一大圈；脸部发紧，之前深深的法令纹已经变得不太明显了。

  这两组照片把我看"燃"了，我指着这个学员的照片问教练她练了多久，教练说这是这家工作室两年前的学员的照片，加之自己不是那个学员的私教，具体情况不太了解。后来教练拿着我的身体指标，结合我的健身需求，带着我开始训练。

  过了一会儿，另一组教练和学员入场锻炼，我的教练给我使了个眼色，原来我刚刚打听的那个励志学员也来训练了。

  我趁甩战绳的间隙，忍不住偷看镜子里的她，感觉她比墙上那组训练之后的照片更健美、更青春。我训练完时，近距离地看她甩战绳。她躺在垫子上，头脚离地，呼吸均匀地垂直甩、水平甩。

  她满脸大汗，皮肤泛红，全身呈现出有力量、有美感的线条。我看到墙上她的对比照片已经很是惊讶，当看到真人时，内心是既感动又佩服。

  虽然我不知道她在健身这条路上自律地坚持了多少年，但她让我相信：持续自律的姑娘，身材会越来越好。

持续自律，让肤质越来越好

我有个女友，戒糖戒了好多年。

记得很早以前，我和她一起逛商场，感到口渴，我指着甜品店问她要不要进去坐坐，她犹豫了一下，问我要不要去刚路过的鲜榨果汁店，我说都行。她挽着我的胳膊去点单，路上她告诉我她在戒糖。

她点了小杯鲜榨果汁，店员把几样新鲜的水果放在榨汁机里，然后拿出一个小量杯，盛着的不知道是蜂蜜还是糖浆，女友急忙告知他不用加了，她只要水果和水就行。

我俩边走边喝，我好奇地问她为什么戒糖。她说她以前皮肤很好，在重庆读本科和研究生那几年，天天涮火锅、吃辣椒，对护肤很少上心，但皮肤依然白嫩，还有满满的胶原蛋白。毕业后到沿海城市上班，不知是水土不服、海鲜过敏，还是压力大，脸上开始长痘，痘痘消了后，毛孔变得比以前粗大了。

或许每个人对自己的外貌都有执念吧。在我眼里，女友一直在美女的行列，偶尔长痘也是瑕不掩瑜。她为了改善肤质，决定改掉自己的坏习惯。不熬夜，多运动，勤防晒，常护肤。在吃的方面，她像拿自己做人体实验一样，先戒一段时间海鲜，对比皮肤状况；再戒一段时间辣椒，再做对比，就像神农尝百草一样。后来，她发现让她长痘的主因是甜食，吃奶油蛋糕，第二天长痘的概率直线上升。

于是她开始戒糖，主要是戒糖果、甜品、奶茶这类含人工糖的饮食。买零食必看成分表，有"白砂糖"一类配料的零食根本进不了她的购物车，甜甜圈、巧克力蛋糕这类甜食她几乎不碰。

我不爱吃甜食，所以低估了她戒糖的难度系数。但她说这些以前都是她的最爱，恋爱甜蜜要吃甜食庆祝，学习压力大要吃甜食解压。我将心比心地拿我爱吃的食物做对比，突然觉得她对自己真狠。

我问她戒糖后肤质有什么变化，她说粉刺少了很多，皮肤出油减少，还成了易瘦体质。她倒也不觉得吃甜食像吃了毒药一样惴惴不安，只要能做到尽量少吃就是赚了。

她对饮食的自律让我觉得，尽管每个人皮肤的状况都不一样，但找到适合自己的方式，长期坚持，总会有所改善。

持续自律，让体态越来越好

国庆期间，哥哥嫂嫂从深圳过来，嫂嫂无意间夸我走路蛮有气质。苍天啊！大地啊！我的自律总算没白费工夫。我从小体态就不太好。小时候长得高，为了迁就同学，经常驼背。爸妈每次看到都会从背后给我一记"玄冥神掌"，他们越说我，我越嗤之以鼻。长大后我尝到了恶果，看到被抓拍想打人，看到录像机想走开。

我的颈椎常年不舒服，每次丢旧鞋时，都会发现鞋底倾斜，去做按摩被技师说两边肩膀不一样高、不一样厚。有次我去找矫正体态的老师，他让我站在一个定点上闭上眼睛，原地踏步，尽量把腿抬高。我闭眼走了半分钟，睁眼一看，离原地一米多，而且转了个身。

老师说我盆骨前倾加侧倾，圆肩，帮我分析了原因，并教了我几个发力动作。我觉得自己沉积多年的不良姿势未必能在老师教的几个动作下得以矫正，而是需要在日常生活中多多注意。我的一个美女朋友告诉我，贴墙站对矫正体态很有帮助。我就坚持每天贴墙站十多分钟，让后脑勺、两肩尽量贴近墙壁，还经常用双手在背后紧握上拉。

不是我自夸，我觉得自己体态上的进步，比其他方面都大。最近几次回家，爸妈再也没给我用过"玄冥神掌"。

写到此处的我，肩胛骨是打开的，脊背是挺直的，真想给这样的自己颁个奖。

颜值高的人，不只是颜值高

我看过这样的数据：长相一般的比长相漂亮的薪资低15%；长得胖的比身材好的薪资低17%；身材高挑的比矮的

工资高 16%……

我没查具体的出处，但经验告诉我，**颜值高的人、身材保持得好的人、肤质维护得好的人、体态仪态不错的人、妆容打扮得体的人，不仅薪水高，而且更容易获得升迁机会。那些对自己身材、皮肤和体态管控能力强的人，很可能对工作、人际和修养有同样好的管控能力。**

减过肥、护过肤、塑过形的人都知道，一点可见的进步，背后包含着很多判断力、执行力和忍耐力。

曾有个读者问我，怎么看待"颜值就是正义"这句话。我想，颜值不单指脸，还包括身材、皮肤、体态，甚至妆容和打扮，是人们第一印象的总和。在我看来，颜值的进步，才是正义。

颜值高的姑娘，都有持续性的自律能力，而这样的姑娘，高的又何止颜值啊。

女人要强，也要美

某晚我想念发小，与她视频，接通后，看到她贴着眼膜，泡着脚，给手机找了个能拍到正脸的位置后，拿起面部按摩仪，轻推额头上的川字纹，轻刮下颌旁的淋巴管。

她跟我撒娇，说最近要强得很，虽然全年业绩指标已经完成，但为争取新客户的订单，这几天一直在琢磨博弈策略，演练PPT（演示文稿），预设客户超纲问题的应答。

得知她第二天有硬仗要打，我提议挂掉视频，等签完单再聊。

发小拖着我又聊了一会儿。"我要强，也要美。"她停止按摩，卸下眼膜，说，工作准备充分，形象准备也要跟上，等下熨烫套装，晚上早点休息，明天要以最佳气色登场。

我记下她讲的"女人既要强，也要美"的观点。

几年前，她为了拿下客户下了很大功夫，胸有成竹，却惨遭拒绝，当她换位思考，看到镜子里自己肤色暗淡、面色憔悴、衣上有褶、裤子发皱时，她说："客户才不会心疼我太拼、体谅我太累，只会觉得我在合作之前就已经自顾不暇，合作以后呢？如果发生意外呢？我肯定会更加狼狈。工作努力的人，更懂得外表的重要性。"

这让我想起一些危机公关专家的说法，良好得体的打扮、穿着和姿态，都在传达着"困难压不垮我，我尚有余力照顾外表"的潜台词。

既要强又要美的女人，是个既可爱又可怕的物种。

我发小先要强，再要美。我认识的创业妹子韩淑琪则是先要美，再要强。

琪琪自小就比同龄女孩爱美，初中便教同学化妆，大学爱关注穿搭博主。当她觉得赚钱的速度追不上要美的速度时，要强之心便开始崛起。

大学时她开过淘宝服装店和皮肤管理店，后来出国留学前把生意转了出去。在美国遇到投资人，拿到资金，回国创业。她有个创业项目是"美妆空间"——一个开在商场和写字楼的共享化妆空间。

工作遇到困难的姑娘进去化个妆，走出美妆空间这个"盒子"后更加自信；到处跑客户屡遭婉拒的姑娘进去补个妆，走出"盒子"后迅速"复活"；失恋痛苦的姑娘进去待一会儿，走出"盒子"后状态好转……想到这些画面，她觉得创业带来的价值感极大地抵消了付出的辛苦。

创业累脑累心，对产品设计不满意，工厂产品不合心。每当高频碰壁、无功而返、自我质疑的灰暗情绪冒出时，她就把自己打扮漂亮，解压又励志。

有次聊到她的招聘标准，她回答"内心要强，外在要美"的人是她最想招的人，能力是基础分，形象是附加分。因为这样的人，她们的自制力和高标准高要求会大概率地贯穿在业绩拓展、时间管理和形象保持上。

不管你先要强再要美，还是先要美再要强，在我看来，都是殊途同归的美好。要强，不是咄咄逼人，而是专心做事，拼事业；要美，不是空有皮囊，而是劳逸结合，懂得犒赏自己。

我们不妨来研究一下既要强又要美的重要性和可行性。

1. 既不要强，又不要美，那多没劲

我采访过母婴博主陈熠，她是主持人马丁的老婆。生完大女儿后的她事业停滞，无心向美，身上长出50斤肉，黑眼圈不请自来，每天照顾孩子换尿布，跟老公和婆婆找碴，披头散发，不修边幅。

后来学过服装设计的她买来布、线、缝纫机，在家做儿

童服装，当上了母婴博主，无心插柳的事业有起色后，她开始要美。她去把一直想箍牙的事情落实了，每隔三周去调整一次，调整完后的一周只能吃流食，因此她瘦了下来。

在她要强以后，她创立儿童服装品牌，上电视融资；要美以后，她陪女儿跳芭蕾，和老公练搏击，向婆婆学养生，逐渐进入品质生活的循环中。

2. 既要强，又要美，是种平衡能力

电视剧《我的前半生》里，在一个镜头中，职场女强人唐晶铺开瑜伽垫，把工作资料放在瑜伽垫旁，戴着耳机聊着工作，边压腿边看资料，让我难忘又敬佩。

记得王潇写《女人明白要趁早之米字路口问答》时，每天早上选出打算回答的问题后，就去洗澡。她发现自己洗澡时思路畅通，洗完澡，敷着补水面膜，静心思考，写回信，最后集结成书。她说："在照料皮囊的同时，不停止思考和工作，一箭双雕。"

好朋友琪琪跟我说起她最近见的一名女投资人，颜值和身材好到没的挑。琪琪问她如何在高强度的工作中保持高颜值。女投资人回答她，哪怕出差，自己也要每天去酒店健身房锻炼。

细细观察这些既要强又要美的女人，我非常佩服她们的

精力管理、高度自律和一心多用。

3. 既要强，又要美，是一种明智取舍

可能有人觉得女人既要强又要美，活得好累，但我的理解恰恰相反，这是一种抓大放小的断舍离。

我看见身边不少姑娘，总为不值得的琐事纠结，与不合适的男人纠缠。比如过度解读室友的一句阴阳怪气的话，跟三观不合的人辩论多个回合，担心别人背地里说自己坏话，熬夜翻看前男友的现女友的蛛丝马迹，没好感的暧昧对象的朋友圈也要翻到底……

如果能"联合置顶"要强和要美，当你忍不住为自己改变不了的人和事瞎想并郁闷发火时，请扪心自问：这事能让自己变强还是变美？如果不能，趁早止损。

为什么不置顶感情？我想说，感情毕竟是两个人的事，男人自有他的运行轨迹，优质感情可以滋养你，要好好珍惜；劣质感情则会损耗你，不要也罢。这不是站着说话不腰疼，而是疼过以后，深深觉得为情萎靡，只会耽误正事，加速憔悴，我们只需要练习要强和要美这两件大事。

别信什么女人要上得了厅堂、下得了厨房、杀得了"木马"、翻得了围墙、斗得过"小三"……在我看来，重要的事并不多，做好要强和要美，基本盘就稳了。

近年来，我看到有一类角色是"美强惨"，像《安家》里的房似锦，《玫瑰的故事》里的苏更生，长得漂亮，人有气质，在事业上做出闪光成绩，却被原生家庭盘剥得很惨，但最后她们告别原生家庭困境，过上幸福的生活。是啊，又美又强的人不会惨。

长得美的人，往往想得更美

一个准妈妈边吃饭边诉苦，说自己有几个产检指标不太好。饭桌上42岁的F姐对她说，负责把她的指标调整好的是医院，她只负责吃好睡好心情好，最关键的是凡事要想得开、想得美，这对她和孩子都非常重要。

F姐生过两个男孩，30多岁时生了第一个，40岁时生了第二个，看她的皮肤和身材，被认为才30岁出头是常有的事。她指着自己脸上的一对梨涡开玩笑说，自己的梨涡大概是她妈妈怀孕时笑出来的。她妈妈怀她的时候，家庭遭遇困难，但她妈妈觉得难过没用，就逼自己想开心的事，每天笑，结果生出了自带梨涡的F姐。

F姐当年怀老大时，黄体酮很低，她越想越怕，幸亏继承了母亲的乐观精神，试着把事情往好处想，结果生产过程出乎意料地顺利。她说，自己两次怀孕，遇事都想得美美的，最大可能地保持好心情，所以两个男孩都很爱笑，很少哭闹磨人，自己也轻松愉快。

F姐总能在不顺的时候，找到让自己和别人都开心起来的事。绕了弯路，她说看了很多平时看不到的美景；吃错东西，她说拉肚子就当减肥瘦身了。她遇事总往好处想这个优点，我特别欣赏。

我的一个女友，最近觉得男友移情别恋，以致眼睑肿胀，泪沟明显，双眼无神，面色灰暗。一个女人的变丑之路，就是从想得糟糕开始的。

我觉得她的这种思维很可怕。我劝她别把没有根据的事想得那么糟。

感情中，你去想他对你的好，想你们爱情的好，你们关系也会好。退一万步说，你把感情想得好，他辜负了你，你伤心的起始时间是梦醒时分。

但你把感情想得差，老是等着楼上那只靴子落地，难过期会从恋爱持续到分手。为什么不让自己开心得久一点呢？难道没有其他重要的事情去做吗？

很多事，想得美就约等于吸引力法则，你会把好运吸引过来；想得糟则约等于墨菲定律，怕什么就来什么。通过想象把苦难都演习一遍，是对自己最大的折磨。

时隔多年，我重看日剧《一吻定情》。以前喜欢又帅又酷又聪明的入江直树；现在觉得人傻话多学习差的相原琴子身上的热情和活泼迷人至极。现在我最爱看的情节，就是琴子脑子里幻想出来的那些美好。

成绩很差的她通宵复习又困又累时，幻想自己考进年级前100名后，直树来祝贺她，对她刮目相看，于是她振作起来继续看书；跑步功底很差的她参加长跑，筋疲力尽时，幻想自己所在的班级名次比直树所在的班级好，直树面带笑容地夸奖她，于是她鼓足勇气咬牙坚持；圣诞节她想织爱心围巾做礼物，困意袭来时，幻想自己织的围巾虽有两个破洞，但直树喜欢得不得了，于是她打起精神织围巾。

她的幻想很"丰满"，现实却很"骨感"，但"骨感"的现实还是不能阻止她下一次"丰满"地幻想。这可能就是她面对直树这种"朝鲜冷面脸"时，还能越挫越勇、热情追逐的动力吧。

老剧新看，我觉得琴子身上最值得广大女性学习的特质，除了坚毅、勇敢和热情，还有凡事都能想得美美的。琴子那股总把事情往好处想的劲，不仅让自己充满正能量，也总能让事情往顺利的方向发展。

在我看来，总能把事情想得美，记着美好的事物，是对自己的优待，想起来、聊起来，表情中带着感恩和微笑，这些积极的表情会慢慢渗透面部每寸皮肤。而脑子里充斥阴谋论和患被害妄想症的人，每次想起不好的人和事，面部狰狞，充满恨意，无形之中会有股下坠的力量，把皮肤纹路和五官往下拉，长成好像从未被生活善待过的样子。

有时候，对自己好，仅仅需要在处境艰难或想法消极时，刻意转化想法。

想想过去温暖的经历，想想未来缤纷的可能，想想身边人对你的友善，不要在糟糕的牛角尖里一直钻，以致崩溃。

我从小心思细腻，爱瞎想，而且经常把事情想得糟糕。我爸总是对我说："就算知道要下雨，你也不必先哭着等。"每次我交了试卷，都觉得自己考砸了，但实际排名都挺靠前；以前去公司面试，觉得自己没戏了，但基本都会接到入职通知……

这种性格虽然让我做出更周详的计划、准备和预案，但过程中那些自我怀疑和拧巴，早已把我折腾得身心俱疲。为了和自己爱瞎想的坏习惯过招，除了找点正事做，还有个捷径就是把事情往好处想。

其实我所想的那些不好的事情，现实中发生的概率很低，事后证明很多痛苦都是自己杜撰出来的，搞得我心力交痒，颜值降低。这个世界上有犯罪和欺骗，除了保持必要的防范意识之外，其他尽量往好处想吧，这样想能让自己心情变好，容颜不老，充满自信，何乐而不为呢？

别把自己关在臭阴沟里胡思乱想，既然想好想坏都是想，倒不如想点好的。我相信有一个我是活在想象中的，无论如何，我都要让那个空间里的我活得好一些。

我一直希望自己的外貌能在实际年龄上打个七折，所以牢记王尔德的这句名言："男人的面孔是他的自传，女人的面容是她的幻想作品。"

换一种想法，就是换一种活法，想得美美的，才能长得美美的、活得美美的。

生活的精致，是把房子住成家

女同事小燕前段时间买新房，搬新家，我和几个朋友受邀周末去她家"温锅"。

一室一厅的房子，装潢雅致，布置温馨，于是我想起她以前租住的房间，心里有点感慨：几年过去了，改变的是她从租客变为房主，不变的是她总能把房子住成家。

她刚毕业来这座城市求职时，暂住在舅舅家，进公司后，就搬了出去。我俩一见如故，等她安顿下来，就叫我去她租的房子吃饭。那时她还在试用期，工资不高，还要交押金和房租，所以租的房子条件有限。

那天也是周末，我拎着水果和盆栽去拜访她。她租的那栋楼，目测至少有20年的房龄了，街道治安不错，但整体环境不是很好，电路还有点老化。但我进门后，一点没觉得是租来的老房子。家具不多，但收纳清爽，整洁舒适。书桌上铺着带有几何图案的桌布，上面放着一个插着花的素雅花瓶,床单撞色撞得很好看,窗台飘着白色的纱帘。

我记得那天有点冷,她从衣柜里翻了件衣服给我穿,说是衣柜,其实就是简易的无纺布柜子,但里面收纳得整齐有序,拿出的衣服还有阳光的味道。我惊喜地夸她的房间别有洞天。她告诉我,她住进来后换掉了原先的黑色窗帘和花瓶里的枯花,还在窗台上摆了一排长势喜人的多肉植物。

小燕的用心和巧思,把租来的老房子改造成了自己喜欢的样子,她诠释了什么叫"房子是租来的,但生活不是"。

总有人说没时间打理房子,租来的房子将就住,你看看人家三毛。

作家三毛在撒哈拉沙漠开始新生活的时候,租的房子在一个小镇外的坟场区。"地是水泥地,糊得高低不平,墙是空心砖原来的深灰色,上面没有再涂石灰,砖块接缝地方的干水泥就赤裸裸地挂在那儿。抬头看看,光秃秃吊着的灯泡很小,电线上停满了密密麻麻的苍蝇。墙左角上面有个缺口,风不断地灌进来。打开水龙头,流出来几滴浓浓绿绿的液体,没有一滴水。"

没有钱,她就到家对面的垃圾场拾破烂,拾出了"全沙漠最美丽的家"。"用旧的汽车外胎,我拾回来洗清洁,平放在席子上,里面填上一个红布坐垫,像一个鸟巢,谁来了也抢着坐。深绿色的大水瓶，我抱回家来，上面插上一丛怒放的野地荆棘，那感觉有一种强烈痛苦的诗意。不同的汽水瓶，我买下小罐的油漆给它们厚厚地涂上印第安人似的图案和色彩。骆驼的头骨早已放在书架上。我又逼着荷西用铁皮和玻璃做了一盏风灯。快腐烂的羊皮，拾回来学沙哈威人先用盐，再涂"色伯"（明矾）硝出来，又是一张坐垫。"

三毛十分自豪。"我，走到轮胎做的圆椅垫里，慢慢地坐下去，好似一个君王。"她把一间沙漠坟场区的房子，住成一个文艺而浪漫的城堡。

一间房屋的状态，会反映出主人的精神状态，有时候没钱、没时间、没精力是借口，没心思才是真相。

当觉得"生活神经"粗糙了的时候，我就会看日本女作家森茉莉的《奢侈贫穷》。书中的森茉莉年轻时就经历了两次婚变，晚年清苦，从名门千金沦为租住廉价公寓的房客。在这本书里，她一贫如洗，却热衷于改造她那间位于破陋楼里六铺席的斗室。哪怕收入微薄，她也要抠出一星半点钱来布置房间，攒着稿费买褪了色的地毯和饰品，家里很多画和书构筑了她的精神世界。虽被周围邻居嘲讽，她却渐渐同情那些嘲讽她的人。

"她房里的鲜花和玻璃壶，尤其是那一只饰有紫罗兰浮纹的白色陶器，随着光影的变幻而隐隐泛着温润的光""台灯是用便宜货常用的二模灌组方式制成，但整体呈现出意大利的美术馆里展示的铜版画的色泽"。

这是我最爱的书之一，没事就会拿出来翻翻。我读着这些句子，总能感受到，作者在黯淡的生活里体会到的"生命中妙不可言的喜悦"。

我有一次去昆明旅游，专门去找林徽因和梁思成当年住的地方。

对林徽因，我深深记着一个细节：战乱来袭时她迁至昆明，一副病体却依然能活得精神。她亲手营建自家小屋后，还给美国友人写下流露出喜悦的句子："我们正在一个新建的农舍中安下家来……邻接一条长堤，堤上长满如古画中那种高大笔直的松树。"

我看书的时候就觉得那场景美极了，想去她和梁思成住过的地方看看。碰巧有机会到昆明，几经辗转，我找到棕皮营村。可说实话，我很失望，怀疑是找错了地方。房子不对外开放，周围环境一般，完全不是我想象中的样子。

我仔细想想，心里的失望退了，当年的条件应该也不尽如人意，但林徽因夫妇在条件有限的情况下，自行设计并参与建造了这座房屋。

其实房子本不是风景,是居住者把它变成了迷人的风景,但不是每个人都有这样的能力。

我有个朋友斥巨资在市中心买了房子,但我去了第一次后,就不想再去第二次了。家里鞋子、袜子东一只西一只,桌上放着外卖盒,沙发上横七竖八地放着很多不知道干净不干净的衣服。我喜欢到朋友的家里做客,但不喜欢到朋友的房子里做客。

什么样的人能把房子住出家的感觉?是那些有创造力、懂得审美、有动手能力的人,是那些不管生活怎样对他们,他们都会好好生活的人。

这样的人表面看是花精力维护居住环境,其实他们更在乎内心的感受。

要对把房子住成家的人保持敬意,因为他们坚持着由内而外的精致。

Chapter 2

把生活过成
想要的样子

不管全世界所有人怎么说,我都认为自己的感受才是正确的。无论别人怎么看,我绝不打乱自己的节奏。喜欢的事自然可以坚持,不喜欢的怎么也长久不了。

——村上春树

恰到好处的仪式感，
让生活变得更有趣

作为一个"戏精"，当我看到"生活需要仪式感"这句话时，立刻自动在句末加上一个"吗"字。紧接着在脑海里支起一个辩论擂台，左右互搏地分出支持"生活需要仪式感"的正方，以及不支持的反方，然后开始辩论。

站在正方的立场：我认识的创业者张萌，她常年登台演讲。有次我问她，上台之前会不会紧张，她说她很享受舞台，因为小时候每次弹钢琴之前，妈妈和她都会穿上优雅的裙子，梳着漂亮的发型，然后妈妈会牵着她的手，走到客厅中央，假装对观众说"下面有请张萌小朋友为我们带来一曲××"，她才落座弹琴。尽管她钢琴没弹几年，但长大后，上台前仍有小时候期待展示才艺的心情，她很感激妈妈给她建立的这种仪式感。

仪式感是什么，在我看来是区隔符号，是高光时刻，正如《小王子》中的那句话"使某一天与其他日子不同，使某一时刻与其他时刻不同"。而对生活中没有标志性纪念日、回忆索引的大多数人而言，仪式感太重要了。

站在反方的角度：日本一个知乎博主赤坂曾说，日本是个凡事都喜欢追求仪式感的国家。很多人觉得在日本生活很累，每天都像是在出席一场盛大的仪式。

《蜡笔小新》中有一集，小新以为要出去捉昆虫，立马换上一身户外服，还带上了捕虫网。而现实中的日本人也与小新一样，即使坐缆车上山，也要背个大登山包，穿专业户外服，恨不得把氧气瓶都背上，这些准备透支了不少人出游的兴致。

以上所述还只属于避重就轻、降效增负的可控级别，而有些打扰别人、大操大办的仪式感，更是有害。

我朋友前年买了套联排别墅，装修前在门口放鞭炮，举行了希望施工顺利的仪式，结果打扰了邻居，差点被投诉；有的新娘追求一生只有一次的婚礼仪式感，排场要大，花车要长，以致夫妻俩吵到红本换绿本，两个人老死不相往来；有的企业为了激励员工斗志，让员工当众在店门口跳舞喊口号，上演"打鸡血"誓师大会，甚至还有让员工跪着互扇耳光的奇葩仪式……

没有仪式感，会活得灰头土脸；仪式感过度，反而过犹不及。恰到好处的仪式感，才会真正让生活变得有趣。

在我看来，恰到好处的仪式感，有以下三个衡量指标。

你的仪式感，不是做给别人看

我以前看过一个网红的直播，她经过厨房时，有网友问她地上的篮子里装着什么东西，她不好意思地笑了笑，说是盛装食物的精美器具。原来她晒出的笑脸形状的煎蛋、摆盘精致的食物，都是用这些放在角落、已经落满了灰的专门摆拍的道具做的，我听后大失所望。

周末看到朋友发了条微信朋友圈，配图很有意境：获得芥川奖的小说，冒着热气的咖啡，唯美的光线、角度和构图，那一刻我不禁感叹朋友很懂生活。后来碰面，聊起那本获奖小说，她说自己只翻了前面几页。

假装有仪式感的人，像刻意修饰过一般。恰到好处的仪式感，不是做给别人看，而是不在乎别人的点赞和好评，只是给自己一个交代，甚至仅自己可见，不为外人道也。就像一台内置的记录仪，记录生活中实实在在的小确幸，给记忆装上一个明媚的滤镜。

十分钟就够了，微小仪式感也有大能量

我曾建过一个自律微信群，加了不少立志自律的朋友。有一天看到一个大学生在群里晒出她做的手账，我点开图片，可爱的字体、既"萌"又有趣的插画、多彩的标记在我眼前放大。同样被放大的，还有我对她认真对待生活的羡慕。

于是我照做，买来精美手账本，从零基础开始学习手绘，每晚睡前一小时开始做手账。新鲜过后，我意识到自己吃不消，因为工作繁忙，事情很多，花过多时间做手账，会耽误我看书和休息，权衡之后，我觉得后者更宝贵。

虽说有仪式感比走过场强多了，但也要控制程度和频率。对我而言，每天十分钟的仪式感恰到好处。

恰到好处的仪式感，不需要伤筋动骨，不需要花很多钱，仅仅是一些自然而然的真情流露。

有天早上我出门上班，迎面走来一个女孩，她看到小区里的丁香花开了，便驻足停留，细嗅花香，闭着眼睛，面带微笑，几秒钟后她继续赶路，但脸上仍然漾着笑意。那一幕，仅仅几秒钟，却是让我念念不忘、心存感动的仪式感。

如果仪式感都是隆重、华丽、耗时的，那会让很多人望而却步，其实一些微小的仪式感，足以让忙碌粗糙的生活透出光来。

在传记作家范海涛的书里,她和老公照着本地美食书寻访美味,吃完后,花点时间请厨师在书页上签名;我现在每次快到家,都会特意听一两首欢快的情歌,回家脱去职业套装,换上"软萌"舒适的家居服。这些"短平快"的仪式感,轻松又简单,仅仅是普通的改变,却让这一天不再普通。

生活的质感,始终排在仪式感之前

有次我采访又美又仙的民俗画家卡罗琳,她提及会在创作前,点支线香或打开香氛加湿器。因为北方天气干燥,颜料经常干裂,所以有时她还会在香氛里加上几滴香橙或葡萄柚的精油,这样更容易让心情平缓愉悦,进入心流状态。

对比之下,我觉得自己太糙了,于是有次写作灵感来了,我也先点燃香薰蜡烛,泡杯花茶,让爵士乐的音符充满房间,突然想拍张照片发微博,于是拍半天,选半天,发微博,然后和网友讨论起香薰的品牌和花茶的做法。

等发觉自己用在建立仪式感上的时间远大于写作时,我被自己的荒谬气笑了,因为我本末倒置了,导致形式大于内容,仪式大于正事。真正的仪式感像冰山的上面,生活像冰山的下面,看到上面就知道它下面还有更大更深的部分在支撑;而表面的仪式感,就像一块肥皂,所见即所得,还全是泡沫。

仪式感应在生活质感的延长线上,若不顾生活的实际情况,仅仅去追求表面的仪式感,只会自欺欺人,浪费生命。

总之,你仅需要恰到好处的仪式感,不盲从、不伪装,置顶内心真实的感受。

你怎样过早晨，就会怎样过一生

同事小敏曾经亲自证实了，冬天早上起床困难有多耽误事。

吃午饭时她跟我诉苦：早上闹钟响的时候，她连按了三次"小睡五分钟"，才意识到上班要迟到了，半梦半醒间惊慌坐起，手忙脚乱地洗漱穿衣，BB霜都没擦匀就出门了。

有时你越赶时间，越会发现电梯老是不来，红灯等很久才变绿。小敏远远看着公交车即将进站，飞速向前冲，以致揣在兜里的手机被颠出去了，等她捡回手机，公交车已经开走了。

冬天的风吹得脸疼，她就站在扎脸的寒风中等了十多分钟公交车，发现手机屏幕也碎了。她的倒霉还没完，打卡迟到，全勤奖泡汤，早餐没来得及吃，整个人心情沮丧地一进办公室，各种工作就压过来了。

小敏自责地说："如果我自己能早点起床，就不会在经济和精神上都遭受损失。"

这次狼狈的经历给她的深刻教训是：贪睡几分钟，毁掉一整天。

有句古话叫"一日之计在于晨"，有项关于"意志力"的研究结果印证了这个说法。在早晨，人们更容易完成那些需要自律才能做到的事情。因为起床后到八九点钟的时段，我们经过一夜睡眠的调整，意志力和精力相对充沛，情绪更加乐观，更有斗志对付劳神费力的事。

曾国藩有云："做人从早起起。"因为这是每人每天做的第一件事，这件事若办不好，对接下来的事情都会有影响。对很多人来说，怎样度过一个早上，基本就会怎样度过一天。

"晨型人"对"一日之计在于晨"的感触，更是深到骨子里。

清晨5点起床晚上10点前睡觉的村上春树说："一日之内，身体机能最为活跃的时间因人而异，我是清晨的几小时，在这段时间内集中精力完成重要的工作。随后的时间或是用于运动，或是处理杂务，打理那些不需高度集中精力的工作。日暮时分便优哉游哉，不再继续工作，读书或听音乐，放松精神，尽早就寝。"

我习惯早睡早起，我的精力从早到晚依次递减。早晨脑子最清醒，效率最高，下午的工作效率明显不及上午，到了晚上脑子开始发晕，不是转得慢，就是记不住，处理工作或写作相对吃力。我统计过，早晨和上午的精力输入和输出几乎占全天的七成。所以，对我来说，早晨至关重要。

针对自己的作息情况及精力分布，我试图摸索出美好早晨的公式：

1. 冬天早上说起就起

我早上都是自然醒的，夏天5点左右，冬天5点半左右，感觉冬天确实需要更多的睡眠。冬天昼短夜长，体内的褪黑素会根据眼睛接受的光照多少自行调控，所以睡眠时间延长也很正常。

每个人情况不一样，不必要求所有人都清晨5点起床。虽然我们都用北京时间，但是很多地方都有时差，大连的有轨电车凌晨4点多就开始跑了，而西部有些城市早上7点的天还黑乎乎的。但我建议熬夜的人，把晚上做的事换到早上做，在保证休息好的情况下，循序渐进地试着早睡早起。对醒来但起不来的朋友，我建议通过按摩或轻拍脸部的方式来促进血液循环，让自己慢慢清醒。

我的"无痛"早起是因为北方有暖气，不存在对被窝内外温差大的恐惧。但我以前住在南方，完全理解在寒冬挣扎着早起的感觉，那确实需要不小的自制力。

我爱早起，因为早起像白捡了时间一样，能做我要做的事和想做的事。如果让我选出一天中最爱的时段，我选早上5点到6点半，起床后投入读书或写作中。这是我一天中最安静、最高效、最惬意的独处时间，我享受那种脑力激荡、灵感活跃的感觉。

2．早晨做些静态运动

平时我只是做几下伸展运动，只有身体沉重时才会抽20分钟练瑜伽。最近读枡野俊明的书，他在书里推荐坐禅，每天早上花5分钟就可以。

坐禅时要注意呼吸，"呼"在"吸"的前面，把意念集中在肚脐下方，缓慢吐气，控制气息使之绵长，再自然而然地进行下一步吸气。我早上也试着做，发现自己在反复深呼吸中，心情变得沉静，感觉身体缓缓下沉，在地上生根。

总用胸部呼吸，心情会焦躁，而每天早上的坐禅，会让自己心如止水。这招太有效了，用沉静的心来考量今天要做的事，思维敏捷，头脑清醒，坐车时不会昏昏沉沉，抵达公司后也能立即集中精力投入工作。

3. 再忙也要好好吃早餐

我有个同事总是来不及吃早餐，上午 10 点左右就饿了，中午吃饭狼吞虎咽，所以他的肠胃很娇气。

早餐的花式摆盘，美是美，但不实用，周末可以试试，工作日我以快捷、简单、营养为原则。

工作日的早餐我如果在家吃的话，蒸鸡蛋和粗粮，加上水煮青菜，便捷又美味。早餐我忌两类：一忌冷食，早上不吃温暖的东西，胃里冷清；二忌油大，尤其忌油条，吃完嘴里、胃里都不适。

早餐是三餐中最重要的一餐，也是和上一顿间隔时间最长的一餐，身体一直在消耗，如果不及时进食的话，血糖供应不足，对大脑、肠胃都不好。

4. 每天提前 5 分钟出门

同事小敏的狼狈经历，我也经历过，都是磨蹭惹的祸。那天我照常早起，出门前弄好了刘海才出门，因为这一耽搁，比平时晚出门 3 分钟。结果一步晚，步步皆晚。我飞奔赶车，嗓子火辣，又因没吃早餐，饿得头昏眼花，工作不在状态接连出错，忘拿钥匙，下班只能瞎逛等着老公回家。

痛定思痛的我，给自己定下"每天提前 5 分钟出门"的规矩。头一天就查好天气，熨烫好衣服，备好钥匙、鞋袜等，定好出门的闹钟。以后我每天都是气定神闲地散步式出门，早晨的阳光暖暖地照在身上，不再奔跑，心情不再焦躁。车没来时也不用着急看时间，而是看看广场上练太极的老人、郁郁葱葱的植物，听听小鸟轻快的叫声。

有时觉得还早，我便提前一站下车溜达着去上班，那些曾从车窗内眺望的商店就在眼前，耀眼的阳光从树杈间洒下。

这和以前着急赶路时的感受完全不同，小确幸在不骄不躁时更容易感知到。

5. 通勤路上进入工作状态

上班通勤的路上，我腰背挺直，从不打盹，因为一旦睡觉，精神就会变得萎靡，很久才能恢复。为了不浪费好状态，上班路上我会听一些增长见闻、提升技能的音频节目，或一些政治、经济、心理方面的公开课。

我视力不好，眼睛迎风流泪，所以会在车上边听音频边练视力，有意识地盯住建筑一角或空中飞鸟，以缓解眼部疲劳。

离公司还有十多分钟车程时，我关掉音频，将大脑清零，慢慢回想工作上的要点和待办事项的进度，心里大致有轻重缓急的计划和安排。这样到公司时，我已经切换成工作模式，活力满满地开展一天的工作。

对我而言，好的早晨是有公式的：一个美好早晨＝自然醒的早起＋适度的身心运动＋营养便捷的早餐＋提前5分钟出门＋通勤时的状态切换。

当然，没有前晚的早睡，早起只能毁一天。**一个"质地"好的早晨，更能顺承一个"质地"好的全天。那种充实感、满足感、昂扬感、可控感，是对每个用心过早晨的人的奖赏。**

南怀瑾先生说，能控制早晨的人，方可控制人生。我们怎么过早晨，就会怎样过一天，也就会怎样过一生。

村上春树的生活方式，早学早享受

《新周刊》杂志有一期的主题人物是村上春树，封面上那句"他不是作家，是生活家"，让我点头如捣蒜。我对他的认识，始于《挪威的森林》，陷于《世界尽头与冷酷仙境》，忠于《当我谈跑步时，我谈些什么》。

他的小说我读得不多，严格来说，我不算他的书迷，但我绝对是他生活方式的支持者。尤其读了《当我谈跑步时，我谈些什么》以后，我敬佩他能坚持跑步20多年的精神，因此我对他的生活方式也越来越感兴趣。

他住在城郊，每天过着早睡早起的健康生活：坚持写作，日复一日地坚持慢跑，喜欢做蔬菜沙拉，听古典乐和爵士乐。除了日常写作，他每年至少参加一次马拉松，还有弹钢琴、画画……他把生活过得既自律又丰盈。

我从初中起读他的小说，先喜欢上他小说里主人公的角色设定，再到字里行间的小资品位。把这些因素都抛开，我才意识到,我真正喜欢的是他的生活方式,以及从中流露出的自律和坚持。

村上春树的生活习惯,是我内心向往的:

1.早睡早起

村上春树早晨四五点起床,晚上 9 点多就寝。他在接受《大方》杂志记者采访时说:"写长篇小说时,基本都是凌晨 4 点左右起床,从来不用闹钟,泡咖啡、吃点心,就立即开始工作。重点是,要马上进入工作,不能拖拖拉拉。"

对于早睡早起多年的习惯与坚持,他说:"我每天重复这种作息,从不改变。这种重复本身变得很重要,就像一种催眠术,我沉醉于自我,进入意识的更深处。不过,要把这种重复性的生活坚持很长时间——半年到一年,那就需要很强的意志力和体力了。"

2.坚持跑步

33 岁的秋天,他开始跑步,写作五六个小时,跑 10 公里。后来改为早上 9 点或 10 点,结束工作后跑一个小时。每天抽 60 支烟的习惯改了,腰间的赘肉没了。他曾对一名年轻作家表示,作家如果长赘肉就完了。他进一步解释,这是物理上的赘肉,也是隐喻上的赘肉。他认为,职业小说家

"头脑和身体都需要健康"。

"跑步是一件简单的事,只要有一双适合跑步的鞋,有一条马马虎虎的路,就可以在兴之所至时爱跑多久就跑多久。"跑了30多次马拉松的村上春树在《当我谈跑步时,我谈些什么》中写道:"我能感受到非常安静的幸福感。吸入空气,吐出空气,呼吸声中听不出凌乱。"

在长跑中,如果有必须战胜的对手,那便是过去的自己。

他年年去跑马拉松,在漫长的跑步生涯中,参透了坚持、输赢、打磨和超越的哲学思想。

3.好好吃饭

村上春树的小说里,高频出现各种美食——意大利面、煎蛋卷、三明治……

据说日本有读者成立了"村上春树美食书友会",并根据他书里的描写,编了一本《村上食谱》。

他本人口味清淡,做饭时尽量选用新鲜食材,做沙拉仅放柠檬、橄榄油和盐。他说:"食物以蔬菜为主,摄取蛋白质主要靠鱼,我一直不太喜欢吃肉,吃得越发少了,少吃米饭,减少酒量,使用天然材质的调味品,而甜的东西,我本不喜欢。"

看他的小说和采访，我觉得他是那种不敷衍胃的人，总是怀着极大的热情对待每一顿饭。

4．经常旅行

村上春树是个旅行家。他从小就喜欢看游记，认为游记比童话好看多了，每次翻动书页都很激动。

他曾透露自己的旅行观：几乎不用照相机，节约精力用来观察，用眼睛注视形形色色的东西，把情景、氛围、气味和声音等清晰地刻录在脑中，让自己成为好奇心的俘虏。

5．认真独处

村上春树小说中的历任主人公都是"独处协会"的会长。作品往往来自生活，说明作者也是喜欢独处的人。他觉得生活是自己的事，而与人相处的最佳哲学是"不相处"。从事写作30多年来，他从来不"混圈子"——无论是日本文坛还是世界文坛。他家没有电视，除了写作，他有大把时光去培养爱好，比如阅读、绘画、音乐。他也会深耕一门技艺，譬如把自己喜欢的英文小说翻译成日文。

他曾说："一天跑一个小时，来确保只属于自己的沉默的时间……在跑步时不需要和任何人交谈，不必听任何人说话，只要眺望周围的风光，凝视自己就行。这是任何东西都无法替代的宝贵时刻。"

我看过一个他爱惜衣物的细节：常常用手洗衣服，小心翼翼地晾晒，然后一边听爵士乐一边熨衣服。村上春树具备无论何时何地都能安顿好自己的独处能力。

如果说，有人正过着我向往的生活，那便是村上春树了。

在我用业余时间开始写作后，我也体验了村上春树的生活方式。我拿着他的生活清单，和自己的对照了一下：清晨5点多自然醒后进入写作状态没问题；运动较为规律，但我很难长期坚持某一种运动，与一项运动的蜜月期大概是一个季度或半年；工作日尽量做快手菜，周末煲个汤抚慰下自己；出门旅行的频次少，我准备把旅行计划提上日程；独处不错，但我觉得跟家人多多交流也十分重要。

有些地方我没做好，比如周五或周六，因追剧而晚睡，还有忙起来点外卖的频次变高。看了这本关于村上春树的杂志后，我决定定期检视自己，做得好的继续保持，做得不好的要引起重视。

村上春树的生活方式，可能在有些人看来很没意思，甚至会很痛苦。但他本人说："不管全世界所有人怎么说，我都认为自己的感受才是正确的。无论别人怎么看，我绝不打

乱自己的节奏。喜欢的事自然可以坚持，不喜欢的怎么也长久不了。"

他多年坚持的生活方式，就是他所喜欢的。

我越来越觉得，在漫长的生活中，总结出一种自己喜欢并受益的生活方式非常重要。能做到村上春树生活方式的一半，已经能让我的生活提升至一种不错的状态了。

你总以为自律很难，却不知道自律之后有多爽

有个女性读者告诉我，她曾经以为早起很痛苦，现在却觉得早起真痛快。以前的她觉得，如果晚上睡觉时有早上起床时那么困，而早上起床时能有晚上那样充足的精神就好了，每次闹钟响起的痛苦，让她觉得早起就像自虐一样。后来她看到我写的关于早起的文章，字里行间完全没有压抑天性和苦大仇深的感觉，相反，还透着喜悦和蓬勃，她居然跃跃欲试。

她试着打开早睡早起半小时的"试用装"后，迎来了自己的"改良版"：比原先早起30~40分钟，醒来后先伸展身体，再练习听力，感觉一整天都身体轻盈，头脑清醒，就像白捡了好时光。

多少人像这个女读者一样，刚开始旁观别人自律时，觉得自律好痛苦，等跨过畏难情绪后才发现，自律真痛快呀。

童话作家郑渊洁说："我每天早上4点半起床，写作到早上6点半，坚持了30多年，天天如此。别人问我是怎么坚持过来的，我是人吗？而我说，其实我特别享受写作，我坐在那儿，想让谁活谁就活，想让谁死谁就死，想让谁离婚谁就得离婚，想让谁复合谁就得复合，多痛快呀。所以，喜欢是最重要的。"别人眼中的苦差，却是郑渊洁坚持多年的享受。他这种以兴趣和志向为驱动的生活方式，在"苦"下面，藏着不为人知的"酷"。你总认为自律很难，因为你不知道自律之后有多舒畅。

曾有朋友问我："为什么选择自律的生活？"

我先认真思考朋友为什么问我这个问题，因为在她心里，有个"自律很苦"的刻板印象。我之所以过上自律的生活，是因为我是一个吃不了苦的人，把浓缩的苦分摊到每天，是我的最优解。

吃不了熬夜的苦，于是选择早起；吃不了生病的苦，所以饮食清淡；吃不了节食的苦，所以经常锻炼；吃不了无趣的苦，所以喜欢看书……

我感觉，自律前后，我过的是两种不同的人生。读小学和中学时，平时不用功，临时抱佛脚，考试分数通常只能排到中游。读六年级和初三时我进步很大，考进省排名前三的初中和高中。别人认为我学习轻松，但只有我知道每逢考前必"自残"的苦：争分夺秒地学习，夜里睁不开眼睛就往眼皮上擦清凉油，早上起不来就使劲掐自己的大腿，饱尝焦灼、紧张的滋味。

不知什么原因，高考是我考得最差的一次，这使我与理想的大学失之交臂。高考失利没有让我怀疑自己的学习能力，却让我开始怀疑自己的生活方式。

好在大学时我遇见了贵人，同寝室的台州姑娘。我后来的自律三宝——早睡、早起、爱奔跑，都是那时她推荐给我的。她几乎每天早上 5 点就会起床读英语，晚上七八点去操场跑步，晚上 11 点寝室熄灯时她已经睡着。

我曾以为，她的自律肯定伴随着枯燥与苦涩，但一段时间相处下来，她笑起来上扬的嘴角、聊天中的幽默、考试前的自信，让我觉得枯燥的生活解释不了她开朗有趣的性格。

我人生中做得最对的一件事，就是打破"自律很难"的思维定式，跟着她早睡早起、看书学习、护肤锻炼。于是，没考上理想大学的我，却过上了理想的大学生活。

起初确实需要一些自制力，可坚持一段时间后，我就完全上瘾了，至今我还兴高采烈地到处分发"自律很爽"的"小传单"。我的亲身感受与心理学家的研究大致吻合，自律的前期是兴奋的，中期是痛苦的，后期是享受的。我越来越发现，喊苦喊累的不是能自律的人，而是那些管不住自己的人。

我听到最多的自责声,总是来自那些喊着要减肥,却管不住嘴也迈不开腿的人;晚上说好早睡,却玩手机到凌晨一两点的人;知道随便发火不好,情绪上来就"易燃易爆"的人。

王小波说过,人生唯一的不幸就是自己的无能。我理解这里的"无能",不是没能力做出惊天动地的大事业,而是连自己都管不住的无力和挫败感。

我很佩服只减了一次肥就瘦到现在的人,比如古同学。

以前她因70多公斤的体重感到自卑,于是高考结束的那个假期,她给自己定下规矩:每隔一天就跑步45分钟;晚饭只吃之前的一半;过了中午不吃除了坚果和水果以外的零食。此后,她稳定在50多公斤的体重,陪她度过了大学本科时光、在伦敦的读研时光以及在会计师事务所打拼的岁月。

最近一次碰面,她依然坚持每周运动三四次,不喝含糖饮料,很少吃淀粉含量高的食物。

当我问她十几年如一日地"管住嘴,迈开腿"是种怎样的体验时,她回答:"如果放任自己的懒和馋,就将注定活在自卑与自责中,而自律让我越来越有信心,因为自律,就是我的预期。"持之以恒的自律，让她有发光发亮的自信，因为一个连体重都能掌控的人，能做到的事情，绝对不止控制体重这一件事。

自律是个分水岭。不自律让人自责，变成了真正的难；而自律则让人自信，变成了真正的爽。

如何"很爽"地自律，我有三点体会：

1. 自律的期望值不宜定太高

我以前所在的公司，每年都会举办爬楼梯比赛。

第一年我参赛时，脑子里只有登顶35楼的想法，刚开始用力过猛，后来腿脚发软，埋头坚持了好久，抬头一看，还不到10楼，35楼简直遥不可及。

第二年我上楼时以每5层为一个单位，作为一个个咬牙还能完成的小目标。每当楼层数字为5的倍数时，心里就打个"已完成"的小钩，直至爬完全程，拿到奖品。

有终极目标是好的，但真正能达成终极目标的，往往是那些把终极目标拆分成小目标的人。

2. 把自律当作手段而不是目的

我写了关于早起的文章后，有很多读者关注了我。那段时间，每当我身体不舒服，前一天太累，产后夜里起来给女儿喂奶,想多睡一会儿时,心里就有"今天你没有早上5点起"的负罪感,这使我压力很大。

后来我便想通了:我是想通过自律的手段,让每天过得充实愉悦,是为了实现愿望而自律,不是为自律而自律,而休息好、心情好也是我实现愿望的必要条件。

3. 放大自律过程中的成就感

拿跑步来说,边跑边听音乐,音乐的鼓点和脚步重合,不知不觉就跑了几公里。变跑为走的瞬间,心脏的收缩感、喉咙的不适感便会消失,以至神清气爽,浑身轻盈,那种舒畅的感觉简直无以言表。

拿饮食来说,为了不长痘,我吃得清淡,少糖少辣,连酱油等调味料都很少碰。刚开始我也觉得不好吃,可越品味,越喜欢食材本身的味道。"战痘"胜利后,我从不能吃变成不爱吃,现在偶尔吃顿重口味也不会感到愧疚。

现在很流行"越自律,越开挂"的说法,"开挂"是结果,其实自律的过程本身就很爽。自律会让人从内到外地获得一种持续的愉悦感。

身体里住着一个言而有信的自己,是你发光发亮的原动力,是你行走人间的通关文牒。

你以为工作要拼命，
实际上拼的是身体

春节我约了高中好友。一见面她就调侃自己过劳肥，发际线节节败退，等她落座后，我俩便聊起了她的工作。

她是家乡某电信运营商渠道运营中心的部门副手。她诉苦说夜里常被领导"召唤"，在微信上进行"头脑风暴"，经常去下一级市县分公司出差，新出的返利计划要第一时间层层通知下去，周末假期常在商场做推广活动……

那天她告诉了我一个好消息和一个坏消息。

好消息是，去年下半年省公司有个晋升名额，市公司的领导力荐她，这是对她功劳的肯定，也为她的职场跃升创造了一个良好开端。

我恭喜的话还没说出口，她又说了坏消息，年前体检出心肌缺血，医生说可能跟她长期熬夜和精神紧张有关，建议她规律作息，放松心态，如有不适，及时就诊。

她以前没把胸闷当回事，有过几次心绞痛，体检后，她跟领导说明自己的身体状况，推掉了晋升机会，减少了工作任务。对此，她说就像冲刺了很久，撞线前却没有力气了。她有句话让我印象深刻，"自己才30出头就触到了职场天花板"。

我心里感慨，其实职场最大的天花板，是身体素质的"不称职"。但我还是安慰她赶紧调理好身体，留着好身体，不怕"没柴烧"。我们都知道"身体是1，其他是0"的道理，但能做到知行合一的人并不多，除非被身体狠狠教训过一次。

我有个学霸级叔叔，高考发挥失常，被第二志愿录取，专业也被调剂过。他在就读本科时十分刻苦，专业成绩称霸全系，还获得了保研资格，另外他还自学了喜欢的专业，并且打算放弃保研专业，报考自己喜欢的专业的研究生。

他大四时，因过度劳累生病，回家休养了一学期，因此没能去考心仪专业的研究生，而用了本专业的保研名额。这个叔叔慢跑的习惯，就是在养病期间培养出来的，后来他在读研、读博、大学任教期间，都很注重学习和身体的平衡。

我的一个女友，是她们公司最年轻的女经理，却主动辞去领导职务。原因是之前有个时间紧、任务重的数据分析工作，她夜以继日地核算几天后，眼睛突然看不清了，然后去医院检查、治疗，视力才慢慢恢复。

在眼睛只能看到阴影的那些天，她才发现什么对她来说最重要。眼睛复明后，她始终保持护眼的好习惯，再也不敢过度用眼了，每次和我见面都要提醒我爱眼护眼很重要。

中国网络游戏产业的开山鼻祖陈天桥，26岁创业，30岁事业有成，但36岁就逐渐淡出公众视野。

他身体一直不太好，据说他办公室的书架上全是药，因为心脏不太好，不能坐飞机，只能坐火车。他在淡出公众视野前，生了场大病，甚至连遗嘱都写好了。可近年来他每天快走两小时，打乒乓球，打拳击，这让他的身体状况好了很多，据说他的投资也赚了不少。

还有"创新工场"的CEO（首席执行官）李开复，年轻时是一天只睡4小时的工作"永动机"。当医生告诉他"淋巴癌已经到了第四期，腹部有二十几个肿瘤，情况不容乐观"后，他经历了否认、愤怒、讨价还价、沮丧到接受的过程。经过17个月的治疗，他在《向死而生》一书中感叹："跨过死荫的幽谷，那是我第一次如此真实地体验到健康的可贵。"

我的学霸叔叔、我的眼疾女友,还有陈天桥、李开复等,都是一股脑儿拼命奋斗,经过重病的"洗礼"后,才大彻大悟,开始加强健康管理,调整生活方式,慢慢做到了健康工作两不误。

曾经有篇热文的标题是"玩命工作,就是年轻人最好的活法",我以自己的经历来客串一下反方辩友。

刚毕业时,我工作玩命,经常早起看业务书弥补跨专业就业的差距,午休时间研习论坛里的案例,加班到很晚,夜里睡觉都担心接到工作电话,周末还去书城看书学习。付出会有收获,但也有代价,正当我觉得一切即将步入正轨时,身体突然向我泼了一盆冷水。

我至今记得咯血时的慌张、看病时的不安,没有比独在异乡去看病更让人感到无助的事情了。后来,我辞职回家休养了半年,等饮食、作息、锻炼和心情这"四大护法"修够学分后,才"召唤"出我的免疫力和抵抗力,继续做想做的工作。

木心说,健康是一种麻木。当我们身体无恙时,就陷入了这种麻木,把精力集中在当前的"优先项",比如工作、学习、玩乐。但身体其实是一位假睡的考官,平时你屡屡违规，它懒得管，最后直接告知：你已经挂科。

在我看来，鼓励年轻人努力工作无可厚非，但也不必到"玩命"的程度。**多丽丝·莱辛说："我们浪费自己的健康去赢得个人的财富，然后又浪费自己的财富去重建自身的健康。"更惨的是，这个过程通常不可逆，很多疾病即使有钱也治不好。**

所以，努力是有前提的，那就是健康。

身体不好实在太遭罪。我陪妈妈去医院复查时，发了一条微博，引起很多人的共鸣。

"身体好就是无与伦比的才华，这真是一句大实话。这两天陪着我妈妈在医院检查身体，别说治病，原来体检就特别伤身体，造影要灌肠禁食禁水，B超要憋尿憋到膀胱'炸'，抽血抽到头晕，PET[1]、CT[2]又贵又难约……所以大家要早睡早起，清淡饮食，坚持运动，别瞎生气，避开伤害身体的生活习惯，就是把爱自己落到实处，愿天下无病。"

记得我生病回家休养的那段时间，我对工作产生了怨念，觉得是工作使我生病了。后来我想通了，不是工作让我

---

[1] 正电子发射体层摄影。
[2] X线计算机体层成像。

生的病。我忙于工作，放纵不良的生活习惯，这才是我生病的根本原因。我现在的工作量和年纪都比那时大，但我现在的生活方式健康了许多，身体状况也好多了。

吃了那一堑，我深深长了几智：

尽量作息规律，不要熬夜。不是你熬夜，是夜在熬你，你熬不起；

尽量三餐有序，饮食有度，半年前吃的食物，塑造了现在的你；

尽量强身健体，坚持锻炼，缺乏运动的你，就是自己的"僵尸版"；

尽量心情愉悦，你的好心情，就是一切美好的开始。

身体是我们最重要的不动产，愿你努力之余，更加注意自己的身体。

Chapter 3

负面的人际关系，
尽快断舍离

对于人际关系，我逐渐总结出了一个最合乎我的性情的原则，就是尊重他人，亲疏随缘。我相信，一切好的友谊都是自然而然形成的，不是刻意求得的。我还认为，再好的朋友也应该有距离，太热闹的友谊往往是空洞无物的。

——周国平

有些事做不到也不扣分，
但做到了就狂加分

  有次微信公众号推送完文章，我进后台精选读者留言。有个读者，发了两条内容相似的留言，我点开一条，系统提示我"该留言已删除"，我没多想，又点开了另外一条，留言成功入选。

  我对这种小事过目即忘，直到几分钟后我看到这个读者从后台发来一条消息，他解释说："刚刚留言里有个错别字，所以我删除了重新发的，给你添麻烦了。"

  这条留言被我截图保存了下来，我想把这种细腻体贴、将心比心的涵养内化于心，外化于行。

  重复留言的情况我遇到过不少，要么是对方重复发了两条，要么是对方撤销留言的时间晚于我浏览后台信息的时间。我觉得这都是不值一提的小事，看到两条相似度较高的留言，我一般以后发的那条为准。但这个读者竟然专门向我做出解释，甚至觉得给我添麻烦了。

这件"做不到也不扣分，但做到了就狂加分"的小事，让我觉得自己受到了尊重，甚至忍不住隔着屏幕去想象对方的美好。

然而，"做不到也不扣分，但做到了就狂加分"的事和"本不该做，却做了"的事是有区别的。比如去水房倒水时，把茶渣直接倒进水槽；去商场的洗手间时，把卫生纸直接扔进马桶里；去酒店时，用漱口杯来装烟灰；离开酒店前用浴巾擦鞋上的泥灰；等等。这些行为在我看来，属于"本不该做，却做了"的事。这样的事，不做是本分，做了是丢分。

而那些"做不到也不扣分，但做到了就狂加分"的事情，更能体现一个人的修养。

我平常就爱观察人们的言行举止。我觉得，与其讲修养是什么，对我们有多重要，倒不如分享并分析一下有修养的人在生活中的具体表现。

我先夸夸我老公，恋爱时就能从许多小事上窥见他的修养，这让我对他很有好感。一起吃快餐，吃完后他总是把餐盘拿到厨余处理台，把垃圾倒掉，而不是把餐盘留在桌上等服务员来收拾；一起逛超市结完账后，出口处横七竖八地放着购物车，他却不会随手把购物车放在那里，而是找到整理好的购物车队列，亲手推进去。那时我就觉得他很会为别人着想，婚后果然也是这样。

女同事D是个有修养的人。记得我和女伴第一次去女同事D家玩，D下楼来接我俩，进单元电子门时，D一边跟我们聊天，一边习惯性地扶着门轻轻关上。这个举动被女伴尽收眼底，当场大赞她素质高，因为很多人推开电子门，进门后就不管了，关门的声响还很大。

D说这个习惯是从她老公那里学来的，她以前也不扶门，自从她老公说那样关门的声响可能会吵到一楼的住户后，她便养成了这种习惯。当时还单身的女伴立马问D："你老公还有单身的哥哥或弟弟吗？我也要嫁一个家教这么好的人。"

有修养的人，自带人格魅力，浑身散发美感，在哪儿都抢手。

有一年，我和一个修养极佳的女同事去北京培训，上课时我学习专业知识，下课时女同事培训我礼仪修养。

一路上，很多不起眼的小事，都让我见识了女同事宁愿自己多做一点，也要方便别人的"不给别人添麻烦"的观念。如：飞机降落后，机舱门还没打开，大家就纷纷拿起行李，打开手机，乱作一团，只有她把安全带扣好摆正，把坐皱的坐垫铺平；我们的三餐在酒店的自助餐厅解决，每次她取完食物，都会把用完的勺柄放好，方便下一位用餐者；课程结束后，我俩出门逛街，服装店里，她试完衣服后觉得不合身，就把衣服翻朝正面，扣好扣子，弄得整整齐齐才递给店员。

认识这样具有修养之美的同事，我觉得倍有面子。

对公众人物而言，言行举止有修养更能"圈粉"。

曾有个空姐说："一次某位主持人乘坐我们航空公司的飞机，他全程默默地坐着，腿上盖着一条毯子看书。飞机落地后，我们整理客舱时惊讶地发现，他坐的位置旁边有一条叠放整齐的毯子，用过的拖鞋也被整齐地摆在脚边。"他们的工作人员私下交流，发现该主持人乘机历来如此。

有次看到某女明星发了几张日常的穿搭照片，有个网友的评论既刻薄又难听，女明星以玩笑化解，还在转发微博时，删掉了对方的微博名字，以免粉丝去骂那个网友。这个细节让我对她好感倍增。

我想起一句话："每个人心里都有一朵花，可好看了。"

这些美好的言行举止，会把我们的世界装点得更加美好。不管是谁，做到了那些会被狂加分的事，他的内心一定有朵好看的花。

异性缘好的姑娘，平时是怎样说话的

女同事 L 在我旁边接听男友电话时，脸色突然由晴转阴，语气瞬间由好变差。开始我以为两个人在吵架，后来才知道这就是他们平常的说话方式。

我有点想不通，在工作中拿捏分寸得宜、情商颇高的女同事 L，在恋爱中，时而铁齿铜牙，时而聒噪埋怨，时而挖苦嘲讽，时而冷战沉默，总能轻而易举地把话说成"肇事现场"。

几个要好的同事也没少劝她，话语里的负能量是会互相反弹的。你铁齿他铜牙，恋爱处处充满争吵；你聒噪他埋怨，双方好感化为齑粉；你挖苦他嘲讽，强力破坏彼此好感；你冷战他沉默，两人彻底浓情转淡。这样的两个人就像在打乒乓球，你一句狠话放过去，他加大力度扣杀回来，如此反复，直到一方接不住，掀桌走人。彼此伤害有什么好？我见过不少常年争吵、恶语相向的夫妇，他们的外在状态即对两人关系的揭示：女的脸色蜡黄，皱纹"深刻"；男的因循苟且，麻木消沉。两个人之间的恶性沟通，势必会加速双方身体和心灵的"折旧"。

提到"会说话"这三个字，身边一个朋友有句经典台词："能用说话搞定的事，干吗非要跟自己的身心过不去。"我深以为然。我一直觉得，姑娘们要好好说话，少发脾气。发脾气，就像发行限量版的名牌包包，发行得越少越容易被惦记，天天都在发行的，只能是廉价的地摊货。

有姑娘表示不服，难道没听过"懂事遭雷劈，骄纵有人疼"？没错，小"作"是情趣，大"作"易伤人。

有妻子反驳，不是说"家是个让人放松的地方"吗？但家绝对不是让人放肆的地方。

有女人撇嘴。"我就是刀子嘴豆腐心的人，不行吗？"天哪！你先拿刀子嘴伤人，再用豆腐心伤己，这到底是为哪般啊？

两个人在日常相处中，摩擦和冲突肯定会有，一旦你说出难听的话，事后必要反省：当时究竟是为了发泄不满情绪，还是想真正地解决问题。如果是发泄情绪，说气话只会起负作用，负面情绪会在你们争执的回合中逐渐增强，最终两败俱伤；如果想解决问题，就更加应该注重沟通的方式，把话说到点子上,你大声喊叫,只会让说服力大打折扣。

我毕业去深圳找工作时,暂时住在我叔叔阿姨家里,阿姨的说话方式使我受益至今。她讲话轻声细语、笑意盈盈,讲话时常以"噢"收尾,听她说话让人感到格外舒心。

她那些真诚合宜的夸赞、含情脉脉的撒娇、包裹"糖衣"的批评、恰逢其时的幽默,一一列进了我的待学课表,其中,我急需恶补的是以下三点:

1. 换词大法

比如,阿姨当面称呼叔叔时,不会直接说"你",而是说"老公你",显得很亲密;当她讲话后叔叔摆出一脸困惑时,她不会说"你听懂了吗",而是说"我说清了吗",一点也不让对方感到尴尬;叔叔朋友推荐的股票亏了钱,她没说"都怪你朋友",而是说"我俩看走眼了",一种共进共退的情谊蕴含其中。此外,她还把"买房"说成"拥有共同的家",把"供养孩子"说成"陪孩子成长"。对语言敏感的我觉得,这种回避压力、描绘美好蓝图的说话方式能让人心生乐观。

2. 控制音量

阿姨是珠海人,语速慢,声音小,大多时候你得凑近一点才能听清她说的话，我发现音量小，面部表情和肢体动作也相应处于柔和档位。

根据麦拉宾法则："在我们与他人沟通中，谈话内容的作用只占7%，声音语调占38%，而肢体语言的作用占了55%。"换词大法虽然让说话内容变得正向，但提高声调就能轻松消除所有正面的内容，更别提动作和表情了。

我观察过自己在说话声音逐渐提高的过程中，经常伴随着怒目圆睁、面红耳赤、手势夸张，而这也是我逐渐忘掉"更好的表达方式"的过程。说话音量越大，越容易突破理智的临界点。

我花了许多时间来研究说话内容，结果大多数时候都输在了说话音量上。其荒谬程度不亚于影片《东成西就》里，闭关修炼成绝世神功的武林高手，一出山就被别人乱扔的靴子砸死了。

3．预告机制

我目睹过几次阿姨发脾气，最有借鉴价值的一点是，每次在她忍不住要发脾气之前，都会给予身边的人明确的预告。

有天她因工作的事在家生气，发怒之前她告诉叔叔要站在她这边，然后开始痛批公司的小人，就算叔叔再没眼力见儿，也知道要声援她，五分钟后她就释然了。

还有一次，叔叔惹她生气了，她先点明叔叔的哪个行为踩到了她的雷区，再直截了当地说："我生气了，你得哄到我开心为止。"我就远远地看着叔叔不停逗她开心，两个人很快和解。

多少姑娘，不是选择直接说"站在我这边"，而是说"你来评评理"，别人评理时她又发飙；多少姑娘，不坦言说"哄我开心"，而是说"我没生气"，别人没哄时她又"炸毛"。

如果你生气前说明原因，在乎你的人自会体谅、包容你，但你无理取闹、胡搅蛮缠、迁怒家人，恐怕只会衍生出更大的矛盾。

互相赞美，结果双方都越赞越美。任何恶言都会"计件收费"，任何夸赞都会为甜蜜积分。阿姨的说话方式潜移默化地营造了良好的家庭氛围，让夫妻关系越来越好。

负面的人际关系，尽快断舍离

人在社会飘，哪儿能不挨人际关系的刀。

假如你正在经历像刘瑜所说的"我纠结于很多奇形怪状的人际关系里"，作为过来人的我想对你说："人总得经历几次自我消耗，才会静下心来反思自己的人际关系。"

我也是确立以下三个维度的人际关系原则后，才最大限度地把内耗转化为养分。

职场上的人际关系：能够合作，不必合群

一个年轻女演员曾跟表演老师刘天池倾诉，说自己的性格可能不适合在娱乐圈发展，因为嘴不甜，不太会处理人际关系，并一直为此而紧张，甚至一度在精神上有很大压力。

刘天池回答："你只要拿角色跟观众对话就可以了，不用学会那么多迎来送往，那个没有用，有用的是你一个又一个拔地而起的角色。"

在人际方面，过于圆滑、精通世故的人反而显得不够专业，会耽误业务精进和自我沉淀。

写作这几年，我经常收到许多来自读者的打着"职场题"旗号的"人际题"："部门圈子难以融入，要不要跳槽""年会要给领导敬酒，想想就尴尬""羡慕同事人见人爱，自己却不行""辜负了老板的期待和同事的信任，内疚到没法做事"……

其实，一个职场人，业绩最重要。人际方面，有与工作伙伴高效合作的能力即可，不需要"死要合群活受罪"。很多人明明业务能力还存在问题，却非要避重就轻地谈论人际关系。公司雇咱来是创造利润的，不是搞人际关系的。工作是围着目标转的，建立好的同事关系只是完成目标的手段，只要做到不抢功劳、不搬弄是非、能礼貌待人就好。想通这一点，很多职场困扰就能简化了。

你会知道衡量问题的关键不是能不能融入圈子，而是企业文化和工作氛围到底适合不适合自己长远发展；你会知道约着上厕所、茶水间八卦话题、请客吃饭等所谓和同事拉近关系的活动也不太重要。至于他们当你面、背你面说了什么，你都控制不了，索性少想为妙；你会知道你不需要被领导和同事对自己的期待和信任所绑架，与其担心别人怎么想,不如全面复盘,汲取经验,避免下次出错。

职场里,业务为王,可以合作,不必合群。

弱连接的人际关系:要么有趣,要么有用

弱连接的人际关系,介于职场和生活之间。职场上,大多是同事关系;生活中,大多是没有利益关系的朋友。同事和朋友多数属于强连接,而接触频率较低的弱连接,与你没有明确的利益冲突,但未来可能会帮到你,给你提供机遇。

我参加过一个聚会,邻座女士得知在场有个妇产科医生后,就主动坐到医生身边,端茶倒水,夹菜递纸,打听其兴趣,聊其所好,话里话外地暗示以后怀孕生子就去找这个医生。医生憋屈,饭友尴尬。

其实像这样的弱连接人际关系,你想和别人交朋友,从不功利的角度讲,你要有趣;从功利的角度讲,你要有用。有趣,未必是你满口段子,或许因为你们有共同兴趣,或许因为你们对待事物的态度以及解决问题的方法相似。

有用,是一种社会资源的置换,今天我满足你的需求,明天换你满足我的需求,取长补短,走向双赢,相互依存度决定关系的亲疏。

在弱连接的人际关系中,费尽心思讨人喜欢,很可能会

自讨没趣。所以不如"修炼内功",摆脱内心贫瘠,提升专业能力,赚取社交筹码,要么有趣,要么有用,最好两者兼具。

生活中的人际关系:互相尊重,亲疏随缘

《老友记》是我爱看的电视剧,我发自内心地向往,希望过上这种爱人和朋友在身边,一起嘻嘻哈哈的生活。

几年前我搬到了其他城市,当时我和两个女同事极为合拍,我老公也觉得她俩很有趣,于是一直藏在我心底的那个青春六人行的念头开始萌芽。我和老公、两个女同事,再加上她俩各自的老公,刚好六个人。为了让自己梦想成真,我经常发起聚会,请客唱歌,但有时我老公不想参加。我同事偶尔提议女生聚会,致力于六人行的我却没把她的想法放在心上,各种不愉快的积累,终于爆发,最后我们连朋友都不能做了。吃力不讨好,让我很委屈,其实想想,友情有点类似天然的地貌,联系过密,心里觉察到不舒服,就会自然而然地远离。

有人说,非要在人间建天堂,只会造出地狱,经验告诉我,非要在朋友中"筹备六人行",只会让大家分崩离析。

周国平说过:"对于人际关系,我逐渐总结出了一个最合乎我的性情的原则,就是尊重他人,亲疏随缘。我相信,

一切好的友谊都是自然而然形成的，不是刻意求得的。我还认为，再好的朋友也应该有距离，太热闹的友谊往往是空洞无物的。"越成熟，我越认同这些话。

如何在人际关系中把内耗转化为养分

确立了职场、生活和弱连接中的人际关系原则后，想要减少人际关系的内耗，并将其转化为"养分"，需要以下这"一减一增"。

"一减"，就是对损害你的人际关系尽快断舍离，那些当面笑嘻嘻、背面说坏话的伪朋友，以后见面礼貌微笑就行，不必走心去交这样的朋友。

投其所好，刻意维系朋友关系，是一个人走向平庸的开始。像叔本华所说："如果一个年轻人很早就洞察人事，擅长于与人应接、打交道；因此在进入社会人际关系时，能够驾轻就熟，那么，从智力和道德的角度考虑，这可是一个糟糕的迹象，它预示这个人属于平庸之辈。"

"一增"，就是在和那些有趣、有才的人聊天时，仿佛沐浴在一种"弱碱性"的有益环境中，获得新知、启发和力量，像这种让自己享受和成长的人际关系，当有误会和尴尬时，不要听之任之。

曾有女读者私信我，说和多年好友之间产生了误会，彼此心存芥蒂，双方渐行渐远，渴望和好如初，却谁都放不下面子。如果我认识读者的好友，真想把那条私信转发给她看，让她们互知心意。

我曾和自己的好朋友因为误会，断绝往来好多年，冰释前嫌后，觉得当时如果鼓起勇气把心意告诉对方，我们就会又多几年好时光。当然这招仅适用于好朋友，跟一般人用就显得矫情了。

松浦弥太郎说，始终保持和睦气氛的交往很肤浅，你放下身段，不惜颜面，将说不出口、羞于告人的事化作言语吐露出来，尽管过程痛苦，但是在伤口和裂痕被细心修补之后，双方的关系一定会更加深刻、丰富，体会到平静与满足的心境。

总之，当你囿于人际关系时，让自己静下心来，分别确立自己职场、弱连接和生活中的人际关系原则，然后减少消耗型社交，增加滋养型关系。

后悔没早点和有追求的女人做朋友

我收到过一个女生吐槽室友的私信，归纳起来无非两点：一是爱攀比，二是戏太多。

比吃比穿比父母，喜欢炫耀男朋友和新手机，而喜欢学习的她去自习室看书，偏胖的室友去操场跑步，都会被其他室友冷嘲热讽。

6个人的寝室，据她所知，有11个微信群。谁与谁结伴上厕所就是友情的风向标，一句话也会出现别出心裁的解读，实体戏和内心戏交相辉映，让她觉得室友间相处好累。

由此我想到作家庄雅婷定义的"小鸡友谊"，那是一种恨不得同食同睡的室友情谊，是建立在分享琐碎小事、吐槽八卦信息基础上的互相耽误。

沉迷于这种亲密却毫无进步的友谊中，你很难有积极向上的人生。4年的大学时光转瞬即逝，与其为与室友相处而苦恼，不如主动去创建更优质的人际关系。你想听课，那就让前3排最牛的"钉子户"们帮你占座;你享受思辨,那就去与最爱问老师"为什么"的同学讨论。

从一个人交朋友的样子,可以大概预测他未来3年到5年的状态。于是,我给她提了一个小建议:如果你想活得精彩,那就换一拨有"野心"的朋友吧!

我采访过美女创业工场的老板吴静。她本就是个很有追求的人,还喜欢成天和各种有追求的女人打交道。

她是"她经济"研究院的创始人,与李开复等人共同发起"中国创投名人慈善赛",孵化了上百个女性创业项目,其中6成项目顺利融资。

她的梦想是:助力每个女人的创业梦,一起骄傲而美丽地活着。如果有女人见不得其他女人好,那吴静则是见不得其他女人不好。

关于择友观,她说:"宁当凤尾,不做鸡头。我愿当凤尾,什么时候眼中的凤凰变成了鸡,我就再找一个新的凤凰。"我懂她的意思,所谓鸡和凤凰的比喻,并不是指权力和地位的高低,也不是指资产和人脉的寡众。而是与个人追求相关,与激情挂钩。她跟我解释女人为什么要去接触比自己更有追求的女人。

第一,工作累,就别让人际关系也累。有追求的女人,都目标清晰，争分夺秒，说话爽快，不绕圈子，真诚分享，高效沟通。了解彼此的利益对接点，情绪调节能力和抗干扰能力强，不拘小节。

她常在酒店谈业务。选个雅致的地方，过滤掉油烟重的话题。她说与周围那些既要强又要美的女人相处，会让自己内心迎来一股上升的激爽气流。

第二，想让自己染上一点牛人气息。她说自己从一个投资人都不认识的创业小白，经过两年时间的努力，到认识超过4000个投资人，合作者包括徐小平、李开复等业界成功者。不要蜷缩在自己的小世界里，别怕牛人不带自己玩，不要低估自己的潜力。和对生活充满热情、对未知好奇的女友相处，最能提高自己的生活品质。她说："女人天生爱比，比婆媳关系、比包包，但哪儿有比事业、比能力过瘾。要比就比谁的公司做得更好，比谁的用户更多。"

人们不免有"能接受朋友好，但受不了朋友比我好"的心理，我以前偶尔也会有，可在长久与他人相处中已经释然：首先，比我好的人总会存在，不卑不亢的人生才更轻松，懂得取人之长补己之短就行；其次，就算人家好得比夏花还绚烂，自己整天诅咒人家，也不会耽误人家变好，只会让自己变差；最后，就算我觉得某人很讨厌，但进步比情绪更重要，不从别人身上学点什么，我会觉得自己吃了亏。

我越主动去结识有追求的女人，越后悔自己为什么没能早点开始向人家学习。

这些年，我经常在线下偷偷向厉害的女人学习。采访了字幕组翻译超强的考拉小巫，达沃斯、博鳌论坛的常驻代表张萌……她们刷新着我的三观，扩展着我的认知范围。与她们一次次的启发式谈话，让我不断成长。

女人的追求可大可小。大到像杨澜说的："我的心中有个模糊的梦想，要去探索一个更大的世界。"小到像Papi酱说的："我心里隐约知道自己能干点事，虽然又真不知道会是什么。"

有追求的女人真养眼，我好想靠近她们去沾染一点气息。

如果把爱攀比、小动作多的朋友，置换成有梦想、有追求的朋友，把自己从负能量矩阵里解放出来，你就会领略到世界的丰富多彩，抓住未来无限的可能。有些女人，宁愿讲别人的坏话，也没勇气审视自己，把自己困在狭隘的鸡毛蒜皮里；对自己的坏毛病网开一面，却不愿意看看身边那些有追求的女人活得有多美，她们怕自己的自尊心受挫，怕人比人气死人。自己明明有潜力活得很精彩，干吗偏要活成庸庸碌碌的样子？

博尔赫斯说过，人会逐渐同他的遭遇混为一体；从长远来说，人也就是他的处境。

所以，快去和那些有追求的女人做朋友吧。

换一种说法，就是换一种活法

一次在外面吃饭，两个老人带着小孙女在邻桌用餐。一顿饭吃下来，我发现邻桌那个大爷特喜欢说"跟你说了多少遍了"。

看到小女孩敲筷子，大爷便严肃地说："跟你说了多少遍了，饭桌上敲筷子很没礼貌。"小孙女没把他说的话当回事，过了一会儿继续敲。

看到老伴玩手机，大爷叹着气说："跟你说了多少遍了，总盯着手机，股票也不会涨。"老伴听了气不打一处来，撑大爷不心疼钱。

看得出大爷是个顾家又疼人的人，但他的口头禅，不仅让家人听着心情不爽，就连一旁的我都觉得很有压迫感。我心想，如果他能把"跟你说了多少遍了"改成"我跟你说"，聊天氛围肯定会不一样。

回家后我对着镜子试了一下，一个人在说"跟你说了多少遍了"时，表情严肃，语气容易越来越重，让人觉得受到了冒犯，好像自己听多少遍都不会，智力有问题一样。偶尔说几次不是事，但大爷把这句话当成口头禅，说得多了，不反驳的人不当回事，反驳的人则直接怼回。往小了说，会搞砸氛围；往大了说，会伤了感情。

而当人说"我跟你说"时，表情显得亲切柔和，语气呈上扬态势，会让人对接下来要说的话抱有几分期待。我决定在个人语言系统中，用"我跟你说"置换掉"跟你说了多少遍了"。

换掉哪些口头禅，能让人的情商和幸福感提高呢？

让我们细分场景，咬文嚼字一回。

两性相处中，把"又怎么了"换成"怎么了怎么了"

一次，有男生私信我，希望我写一篇关于男生怎么哄女友开心的文章。他说他和女友说话，每次女友都会生气，于是我让他重演最近一次女友生气的场景。

他说女友刚不高兴，就问她又怎么了……我急忙喊"停"。我告诉他，以后当你想说"又怎么了"时，要改成说"怎么了怎么了"，并根据女友当时的情绪选择措辞。

就拿我来说吧，老公见我有情绪，问我"又怎么了"

时,那个"又"字非常刺耳,显得我不可理喻,他很不耐烦,就算我原本没生他的气,也会把怒火烧到他的头上。

但如果他改问我"怎么了怎么了",我感受到的则是他对我的关心,就算真生他的气,也会马上没脾气,然后进行正向的沟通。

和朋友聊天中,把"为什么"改成"怎么了呢"

听闻一个沟通技巧,在聊天时,少问"为什么",多问"怎么了呢"。因为"为什么"显得有负面态度,但不一定真有,潜台词是——我不懂,你有义务向我解释。很有压迫感。而"怎么了呢"的潜台词是——我虽然不懂,但认同你的观点,你没义务跟我解释,但我想听你多说几句。

我刚听到这个观点时半信半疑,后来慢慢发现的确是这样。我在问"为什么"时,是因为我想不通、有疑问,是带着一种寻求解答的目的发问的。而在我说完话,别人问我"为什么"后,场面便不知不觉地严肃起来,我得找理论、想证据、举例子,来解释并合理化我之前说过的话。

对方几句"为什么"连问下来,我着实感觉到压迫,觉得自己不被相信或不被理解。当我解释完时,如果对方没有心悦诚服,搞不好我们还会不欢而散。

何必呢?对老师可以多问"为什么",但与朋友相处时还是多问"怎么了呢"。

有意识地在与朋友聊天中多问"怎么了呢""然后呢",同样是接话,但这种互动会让双方都很轻松自在。

别人愿意讲,我也愿意听,而对方在轻松自在的氛围下,会表达出更真实的观点,何乐而不为呢?

工作场合中,把"我能怎么办"改成"我来想办法"

朋友说过一件事,有次他去办理业务,有个证件落在了家里,但他手机里存有证件的照片。他问业务员 A 有照片行不行,A 告诉他"这是规定,我也没辙"。

朋友打算回去拿证件,走到门口时想着一来一回太费事,折回去找了业务员 B 又说明了情况,B 礼貌地说:"您稍等,我去向领导请示一下。"

朋友说他在等待期间,觉得不管这事能否办成,他都会给业务员 B 一个好评,他很欣赏 B 的"我来想办法",而不是 A 的"我能怎么办"。

后来他说给我听时,我也深有同感。工作中,很多难题不是你能解决的,就算你说"我能怎么办""我也没办法"实属客观情况,但对方心里还是会不太开心,觉得你是在推诿,说不定还会迁怒于你。

如果你说"我来想办法""我来帮帮忙",哪怕只是去请示上级,或告诉对方一个联系方式,哪怕最后问题没能解决,但对方心里肯定会被温暖到,觉得你态度端正,待人真心诚意。

刘轩在《幸福的最小行动》中列了一个表格,一侧是消极被动的负面说法,另一侧是积极主动的正面说法。

能说"很好",就别说"不差",前者是正面反馈,后者虽然负负得正,意思也是好的,但听到的仍是两个充满负能量的字眼;

能说"一切都好吗",就别说"现在是什么状况",前者包含一种关心,而后者只显示出预设立场不明;

能说"我要",就别说"我得",前者有一种主动感,后者则显示出控制权不在自己手里,有点被迫、不情愿;

能说"我可以接受",就别说"我无所谓",前者让人觉得舒服,后者容易让对方感到别扭,认为自己的付出可有可无;

能说"最近工作很充实",就别说"忙到分身乏术",前者听起来积极乐观,后者听起来濒临失控。

善于举一反三的我,觉得有必要花时间,整理平时掉以轻心但又惹人生气的言辞,分析其背后的含义和别人听后的感觉,把好的发扬光大,把不好的换种表达。

比如，把"我早就说过了""跟你说了好多次""让你不听我的"替换成"看你吃亏我都心疼了""下次真得注意了"。前者有点马后炮，甚至有种幸灾乐祸的责备感，与其这样说，倒不如共同善后，再表达自己的遗憾惋惜或温馨提示。

比如，把"这个你就不懂了""你明白我的意思吧""没看到我正忙着"替换成"这事其实有点复杂""我可能没说清楚""等我忙完这会儿好吗"。这样既不会有咄咄逼人的压抑感，也不会让对方生气，让人听起来更舒服。

比如，把"我这也是为你好""你听我的准没错"替换成"我以前怎么做，效果很不错""有人说怎么做很好，你要不要试试"。这样不给对方压力，只是分享自己的经验和做法，把选择权交给对方，是相信、尊重对方的表现。

有一天，我在沙发上靠着老公的手说"我会不会压着你的手"，而没说"你的手顶着我的背了"，我感觉自己说出口时很舒服，对方听着也很舒服。

萨丕尔和沃尔夫提出，我们使用的语言能够影响我们的思考方式。也有研究说，使用负面词汇，会刺激大脑情绪化的杏仁体，而使用正面词汇则可以启动大脑理性的前额叶皮层，可见，多用好词好句对身体也有好处。

所以请专门审视一下自己的口头禅和日常表达。揪出那些负面的、抱怨的词句,并用积极正面的词句将其替换掉,这能改变我们与他人关系的质量,更有利于自己的身体健康。

很多时候,换一种说法,就是换一种活法。

Always
Love
Yourself

Chapter 4

越活在别人情绪里的人，过得越拧巴

我几乎从来不生气，因为我认为没必要，有问题就去解决，不要让别人的错误影响自己。这是我大多时候感到快乐的秘诀。但是，我不生气，不代表我没脾气。我不计较，不代表我脾气好。如果你非要触摸我的底线，我可以告诉你，我并非善良。

——陈丹青

忙碌疲惫时的好脾气很值得学习

一个周末,大学室友组织了一场同学会,有几个同学还带了孩子赴约。

陶陶和她老公都是我的同学,也是同学聚会的发起者和组织者,我发现,在忙碌疲惫中还能保持好脾气的陶陶,魅力无穷大。

那几天,陶陶开车载着我们一路吃喝玩乐,有个细节让我很钦佩:堵车时陶陶接了个电话,她的同事问她某个资料存放在哪儿,她不徐不疾地说着存放路径,打电话交流了很久,直到同事找到资料。

与此同时,车内有个同学的儿子按下了车窗,热气顿时涌入车内,他妈妈按上车窗,男孩又按下去,他妈妈怒了,严厉批评了孩子。那时孩子的哭声、他妈妈的骂声,加上堵车和高温,让我心情烦躁。但陶陶一直心平气和地打着电话,最后还跟同事说"辛苦你了"。

我边观察陶陶,边设身处地地想了想自己,换成我,估计小脾气早就"破土而出"了。她却在忙乱嘈杂中不发脾气、不抱怨,从容地把问题逐一解决。她在忙碌疲惫中的好脾气很值得我学习。

有修养、不自私的聪明人,更会转换自己的情绪。

我曾为我忙中发火而自责。公司有个同事不愿意学习,一遇到问题就找我帮忙。开始他还比较客气,后来连"谢谢"都懒得说了,还说是"锻炼"我,我很生气。

那天有统计表着急上报,那个同事说起我前几天帮他的一个事情出了点小差错,好在他已经搞定了。我听完气不打一处来,小脾气说爆就爆,吼了句"你行你上,别来找我"。他吃惊地望着我,气氛很尴尬。

我发完脾气后,统计表没心思做,也没感到大仇得报的畅快,只剩缠绕在心间的自责。

问题有很多解决方法,我却选了效果最差的那种。电脑问题,可以让他求助维修部;业务问题,可以转发操作规程给他。实在忙不过来,也可以好好说,干吗要当众发脾气呢?这样显得很不专业。

人在忙碌烦乱之中,容易过度解读别人的话,还会以恶意去揣测别人，把自己的无力感迁怒于他人。

这个时候，把脾气发出来是本能，把脾气收回去才是本事。虽然所有突如其来的脾气都是日积月累的委屈，可一旦发了脾气，所有人都会忘记你干过的活，只记得你发过的火。

这些年我一直留心观察忙乱中也能保持好脾气的人，发现他们身上有个共同点，都是以预防为主，积极改变自己与别人的互动策略。

《圆桌派》有位嘉宾说自己最爱说"对不起""不好意思""我错了"，有时即使不是自己的错，也会习惯性地脱口而出，如此便可将许多潜在争端化于无形。

这一点我渐渐"刻"在条件反射里。有个周末，我带女儿到一个大型室内游乐场玩，她从超市场景的房间跑步转场到医院布景的房间，我跟她一路小跑出去，在门口撞到一个妈妈，我俩跑步对撞，冲量较大，两人都快摔倒，她拉着我肩膀，我拉着她手臂，与此同时，我俩异口同声地说"不好意思"，然后，我跟着女儿跑进"医院"，她跟着她儿子跑进"超市"。女儿坐着摆弄"听诊器"的玩具时，我回味刚刚的相撞，在大人、小孩密集的游乐场，三四岁的小孩跑得很快，家长的重点就是看好自家孩子，家长之间相撞了，来不及做案情回顾、掰扯理由、指责对方，条件反射向对方道歉，让事情变小，把精力投注在重要的人和事上。

有个女读者的留言，让我意识到改变说话方式也能有效控制情绪。

每次她骑自行车，骑到路窄人多的市场或胡同时，突然蹿出一个人，她会着急忙慌地喊"看车"！说完她也觉得这话又板又硬，虽然目的是希望对方注意安全。而对方听到她那句气急败坏的话，也会怪她"你怎么不看路"。

后来她用"当心"来替代"看车"，对方似乎更能感觉到她的善意，也会为自己的鲁莽道歉，两个人都避免了一场无谓的争端。

语言会成为性格的一部分，所以注意自己的言语，能最大化地降低发脾气的概率。

陈丹青说："我几乎从来不生气，因为我认为没必要，有问题就去解决，不要让别人的错误影响自己。这是我大多时候感到快乐的秘诀。但是，我不生气，不代表我没脾气。我不计较，不代表我脾气好。如果你非要触摸我的底线，我可以告诉你，我并非善良。"

我发过很多脾气，但从没落得半点好处。我也目睹过身边许多人的婚恋感情、事业前程、亲子关系、身体健康都

毁在坏脾气上。我一直在探索，怎样在忙碌疲惫中保持好脾气。

这些年在与坏脾气的斗智斗勇中，我总结了一些小经验。比如：烦躁的日子里，喝点玫瑰花茶，缓解肝郁，改善火气；还可以通过吃零食调节情绪；意识到自己不耐烦的时候，尽量控制语速和语调；在坏消息传来后，深呼吸从1数到10，再着手解决问题，要分清楚"事"和"情"；提高发脾气的成本，不管自己的理由是否站得住脚，都要为乱发脾气道歉。

总之，忙碌归忙碌，疲惫归疲惫，千万别乱发脾气，不然你会更忙更累。

为什么我劝你先处理事情，
再处理心情

山本耀司说："'自己'这个东西是看不见的，只有撞上一些别的什么，反弹回来，才会了解'自己'。"我深以为然。

从很多读者写给我的留言和私信中，我越来越觉得自己是个先处理事情、再处理心情的人。

读者的问题中，除非只是单纯问我心情不好怎么办，我才会分享自己调整心情的方法。比如去商场的迷你KTV[1]吼几嗓子、预约技师做个按摩、天气好就去附近的公园走走等。但如果读者给我的留言中，写明了他们正在遭遇的事情，破坏了他们的心情，我一般会忽略掉他们的心情，尽量根据已知信息把自己带入其中，再分析问题、解决问题。

---

[1] 提供卡拉OK基本功能的房间。

婚后，我最大的改变，就是做到了遇事先处理事情，再处理心情。

以前我工作不顺心，心里憋屈，回家就会借题发挥，等闹到一定程度，才告诉老公心情不好的原因。老公很快整理好刚才的情绪，理性地帮我分析，并提出建议。

刚开始我很郁闷，直言他一点都不懂女人心。道理我都懂，我只是需要发泄情绪，他只需要站在我这边，陪我骂惹我生气的人就够了，但我老公始终学不会，每次都不紧不慢地试图解决问题。在我意识到无法改变他后，再遇上类似情况，就找闺密发泄。果然还是女人更懂女人，闺密不分青红皂白地支持我，每次和她聊完，我都神清气爽。

后来我发觉不对劲，闺密站在我的立场，顺着我的话说，有时比我还激动，其实这只是确立了我是受害者的立场。

以前我总认为，道理我都懂，只是在处理事情之前发泄下情绪而已。可事实不是这样的，我只会带着更浓烈的情绪，用更不甘、更委屈的态度去处理事情，使事情向着更坏的方向发展。

经过对比，我还是觉得跟老公讲比较有用。当然，现在他也改变了方式，会温柔地说几句宽慰话，让我先把心情寄存在别处，然后转入正题，一起讨论如何把事情圆满解决。

我渐渐懂得，关键点是处理事情，处理完事情，坏心情自然会被连根拔起，还会有成就感。但如果每次都把事情搁在一边，忙着处理心情，陷在情绪里无法自拔，精力和斗志就会被渐渐稀释，制造出新的问题，到时候事情和心情都会搞砸。

我常看到一些人，偏要先处理心情，搁置事情。

做设计的女友，每次交稿前已做好了打持久战的准备。接到甲方的反馈，精准定位甲方的诉求，结合自己的美学，找到平衡点后就赶紧改稿。她说："要一鼓作气地把重要的事情都搞定。"

但她同事不是这样。甲方提出修改意见后，她同事就开始吐槽甲方的"农家乐"审美。太郁闷了，要去吃个饭；太难受了，要去唱个歌。发泄完情绪，再花大力气重新进入工作状态，加班熬夜便成常态。

一次，前同事被整天询价却不下单的客户弄得很烦躁，她说要买个轻奢物品缓解下心情，我劝她等提成到手后再买，她说那天心情糟糕，于是就刷信用卡买了个很贵的东西。后来单子没拿到，客户失联，她除了担心业绩问题，还得担心债务问题。

在经济承受范围内，买点东西提提士气、犒赏自己、抚慰情绪，没什么不对。但我不赞成一遇到事情，就立马花钱买一时痛快的做法。与男友吵架，不去分析深层原因，买个包就过去了；被领导训斥，不去反省自己的过失，而是买瓶精华液让自己开心一下。

有人甚至会养成"一掷千金"的习惯，遇到事情不是去剖析自我、解决问题，而是用简单粗暴的方式，先讨好自己的心情，以致错失了解决问题、提升自己的良机。

我现在更喜欢这样的顺序：遇事先处理事情，等事成之后再买喜欢的东西或服务来犒赏自己。在我看来，吃顿好的、买点喜欢的东西，带来的快感会转瞬即逝，不如直面问题，解决问题，因为你会发现，搞定困难的感觉其实更爽。

不要觉得"先处理事情，再处理心情"很难做到。下面分享一下我的做法。

现在的我，遇到事情，不会马上就"炸"，也不会马上去玩。我会先问自己一个问题：情绪不佳，是因为事还是人？

如果是因为事，则采用"四象限法"。马上在脑子里画一个向右（代表紧急）和向上（代表重要）的箭头，分出四个象限，但凡是紧急的，不管重不重要，先去完成。如果在重要但不紧急的象限内，就分解这件事情，今天必须做多少，不着急的话，让心情放飞一下也无妨。如果在既不重要也不紧急的象限内，就赶紧把这事忘了吧，怎么开心怎么来。

如果是因为人，就采用"枕头四角法"。一般情况下，人与人是通过语言这种介质来互相伤害的，如果对方的话让你不开心，或你们吵得不可开交，那就进入"枕头四角法"。

枕头有四个角，第一个角是"我对别人错"，第二个角是"我错别人对"，第三个角是"我俩都对，也都错"，第四个角是"这事不重要"。

以我的经验，想完这一轮，就能有效解开心里的疙瘩了。所以当你意识到情绪不对时，不要跟着感觉走，静下心来深呼吸，问自己不开心的原因是事还是人，是事的话，选"四象限法"，是人的话，选"枕头四角法"。

很多时候情绪来得快去得也快，别太拿情绪当回事。当然，你长期情绪低落，产生心理问题，有抑郁症、躁郁症，或者遇上重大创伤，就请你赶紧求助医生或心理咨询师。

但大多数人心理状况良好，只有遇到事情，才会应激性地产生情绪和心情问题。很多时候应该把情绪放在暗处，别把它单拎出来放在舞台的中央，还给它打上追光灯，反而耽误了本该做的事，真的不需要，也不值得。

越活在别人情绪里的人，过得越拧巴

吃饭期间，我看了一期求职节目。台上的小张如同一面镜子，照出了我和身边朋友都有的小毛病。

选手小张是一名普通院校的应届生，台风稳健，情商很高，表述流畅，在校期间表现突出，实习期间也得到了许多锻炼，但她却很不自信。

虽然是应届毕业生，但她已经在两家4A（美国广告代理商协会）广告公司实习过。参与过众星云集的线下活动执行，参加过20多个项目方案的撰写工作，还曾独立负责过3个项目。很多嘉宾都想不通，她为什么要放弃在4A广告公司的好机会，选择上台找工作。

几番询问之下，小张剖析，在实习的半年时间里，她接了23个项目，但做成的只有5个，她觉得没有成就感、安全感和存在感。她还说自己"是一个很纠结的人，无论什么工作，要有认可我的老板，觉得我可以栽培，或能发挥作用，我才会觉得工作有动力"。

主持人反问她："你要坚持自己是有用的才行，难道别人不认可你就是你没用吗？"观察员补充道："一个员工，不要活在领导的情绪里，不要用领导一时的评判，来决定自己的价值。很多年轻人容易受上级情绪的影响，甚至很想遇到一个每天笑嘻嘻的领导，但是领导的价值，不在于他的情绪好坏，而在于他能让你学到什么。"

我觉得观察员那句"一个员工，不要活在领导的情绪里"，可以举一反三。因为我发现在职场上、在情感里、在生活中，习惯活在别人的情绪里而不自知的人很多。

我的一个高中同学，她感情受挫，原因是太注重男友家人的情绪。读大学时，她的母亲因车祸去世，令她备受打击。她胸部长纤维瘤做手术，男友安慰她、陪着她，原本思想独立、很有主见的她，对男友的依恋日益增强。

毕业后，男友带她回佛山见他的家人，她太在乎男友家人的情绪。去之前就打听男友家人的喜好，打工攒钱买燕窝作为见面礼，见面后察言观色，患得患失。她总问男友，自己吃饭时坐的位子合适不合适，说的话得体不得体，他的妈妈和姐姐喜欢不喜欢她送的礼物。可在此期间她无意间听到男友妈妈打电话，说儿子女友带着燕窝来家里，才毕业就这么浪费。

她怕别人对她没好感而更加努力地表现，其实这只会让她整个人更加拧巴和紧绷。太过在乎别人的情绪其实是个很危险的信号，在感情里，要说"我爱你"之前，必须先知道如何说"我"。

我工作过的一家公司最后一关面试是由副总亲自把关，那时他聊到一半，突然考我"提单"的英文拼写，我说"B/L"，他让我写出全称，我拼写成"bill of loading"（正确拼写应为"bill of lading"）。

本来和颜悦色的他突然变得很严厉，说我学习不认真、不踏实。当时我又气又恼，但我道歉后，迅速恢复状态回答他后续的提问，最后我通过了面试。

后来某次开会，副总讲起此事时说，他喜欢抗压力强的员工，他面试时会时常问"提单"的英文全称，大家平时都用简写，把全称拼写正确的很少。

当他突然转变态度、厉声斥责面试者时，有当场就拿纸巾擦眼泪的，有状态断崖式下跌的，而能不被他情绪影响的人，面试通过率都很高。

之前在医院陪护时，我妈和隔壁病房的一个阿姨在走廊聊天。聊术后恢复情况，聊饮食心情，后来聊到她俩共同的主治医生。那个严医生真是人如其姓，脾气差，表情冷，有时候说话还很难听，很多病人家属都怕问她问题，我从没见过这么拒人于千里之外的医生。

阿姨说自己生病本来就很虚弱，严医生还从来不给好脸，阿姨越聊越气。看我妈没有顺着她的话接下去，她又问，严医生对我妈凶不凶。

我妈安慰道："大多数医生、护士都很亲切友善，严医生态度确实不太好，但她医术精湛，说不定她生活遇到了挫折，所以情绪不好，也可能她工作太忙以致脾气不好，又或者本身性格就是这样。"

阿姨听了还不消停，我妈笑着打断阿姨说："咱们现在哪儿有精力去在意别人的情绪，现在最重要的就是保持好心情。我们有限的精力，是用来对抗病魔的，不是用来对抗极个别医生的坏情绪的。"

看着阿姨不再抱怨，我妈趁热打铁继续劝说："有时候我确实也会觉得严医生好像不太把我们当回事，但反过来想，可能人家是不把这个病当回事呢，我们也不要把病当回事。"

当时我在一旁看着我妈这个退休教师发挥余热，脑子里想起一句话，所谓"大难不死，必有后福"，这个"后福"，就是想开了，生命的每天都很宝贵，没空活在别人的情绪里。

我身边有不少好友，会和我说同事的哪句玩笑话让她心神不宁，还会让我帮着分析相亲对象回复的信息究竟什么意思。以前我还会分析几句，后来直接叫朋友想开点。有次女友还说我站着说话不腰疼，其实我的腰已经疼过了，活在别人的情绪里，只会让自己受伤。

初中时我被班主任误会作弊，那天班主任监考，我提前交卷后在外面玩，结果考完被莫名其妙地叫到讲台上，当着全班同学的面，班主任拿出一张纸条，说是我写给前桌的。我否认，班主任拿出我的试卷，草草比对了一下，就说纸条和我试卷上的笔迹相同。看我不承认，她上升到"缺乏诚信，道德堪忧"的高度。我委屈地哭了，班主任还把我的试卷扔了出去。

后来传纸条的同学上台跟班主任说明了真相，这事才算结束。这件事，让我很讨厌班主任，也讨厌班主任教的数学课。初三时好几个老师找我谈话，鼓励我学好数学，我才努力学习，改变了被数学拖后腿的情况。

其实想想挺没劲，因为别人的误解，竟然自己破罐子破摔。后来我发现很多人和我一样，因为不喜欢一个老师，而不喜欢一门学科，真的亏大发了。

每当我为生活中低素质的人郁闷时，就会扪心自问：别人的评价为什么要成为我心情的风向标，他把我挂在嘴上说一顿，我至于把他放在心里难过吗？

"不要活在别人的情绪里"，不要把它当作一句知易行难的口号，而要当作循序渐进的修炼。对如何降低他人情绪对自己的影响程度，我有一些针对性的训练要点：

定期反省在每段关系中的独立程度，当自己失去重心时，就需要重新定位并进行纠正；提高自己为人处世的能力，当别人有情绪时，先确定与自己有无关系，别盲目地问责自己；情绪被人影响了，可以站在对方立场上想问题，或者做点让自己开心的事转移注意力。

何必在别人的刀子嘴里，豆腐心地活着？何必在别人的坏情绪里，玻璃心地活着？那些身上没有拧巴感的人，很少活在别人的情绪里。

都市女性防拧巴指南

王朔那句"见过拧巴的,没见过这么拧巴的",我怀疑是专门用来形容我的同事茜茜的,随便挑几段她说的话,拧巴感就出来了。

"我昨天下班等车时,肚子有点不舒服,等公交吧,好久不来一辆,又担心没座;打快车吧,舒服但有点贵,纠结再三后叫了快车,刚坐上车,就看见后面公交车来了,全程后悔没等公交车。"

"最近减肥,天气越来越冷,食欲越来越大,但我先恐吓自己少吃晚餐,再自我催眠让自己觉得饱了,到晚上七八点钟饿得头晕眼花,咬牙死扛,最后拧巴到晚上9点或10点钟,再报复性狂吃。"

"前几天我看到主管的业绩统计表,之前有个与同事合作的项目,'军功章'上只有同事那半而没我的这半。问吧,显得太计较;不问吧,心里又过不去。心里明明有事,还要硬装作没事的样子,真拧巴。"

"分手后择偶观变得拧巴:跟有钱的谈恋爱,怕消费观不同;找没钱的,又担心生活品质下降;找见识广的,怕自己不够有趣;找颜值高的,又怕自己不出众。"

有时候她无奈苦笑,受不了自己拧巴的性格。多希望她这股拧巴劲是用在工作上的精益求精,而不是患得患失。我觉得她已经把"拧巴"诠释得很全面了。内心戏一波未平一波又起,捕风捉影,太在意别人对自己的看法,惯着自己的脆弱和敏感,既念过去又畏将来。

有的人在感情生活里拿不起放不下,有的人在人际交往里容易被别人的情绪干扰,有的人为没有发生的事拧巴,有的人为不重要的人纠结。

这让我意识到两点:一是现代女性活得真拧巴,二是防止拧巴是一种"刚需"。

1. 不要为没发生的事拧巴

我收到最多的读者提问,一类是拧巴感情,一类是拧巴工作。

有个小姑娘说:"昨天相亲见到一个性格有点闷的男生,做事很牢靠,但我担心婚后他不会哄我。"我觉得小姑娘想得太长远了，八字还没一撇呢，就开始操心婚后的生活细节。

有个毕业生担心若是直接就业，没有高学历的加持难以找到理想的工作，想考研又怕专业读完就业困难，这把她困扰到失眠。我见过不少人上着班去读在职研究生，上着学去兼职创业或打工。

在我看来，人生没有一步到位，都是分阶段的，每个阶段各有侧重点，跟着当下的实际情况去选。我对这点体会太深，面对两难的选择，与其为还没发生的事情纠结，倒不如把精力聚焦于现在，做些更有意义的事。

假如我选择 A 没选 B，还总拿着 A 的不好去对抗 B 的好，我会拧巴到打结的。

这时我会提醒自己："B 的好是我想象出来的，B 的不好我是没想到的，选了 A 就多想 A 的好，把 A 一条道走到亮。"

拧巴没用，你得行动。

2. 不值得为过去的事情耿耿于怀

我的手机才买了两个月，升级版就上市了，原先我买的那款骤降好几百块，朋友调侃我"你买亏了"。

可我这两个月用得很开心，并没觉得亏，再说就算降价,也没人给我退还差价,拧巴也没用。我坚持买完东西就不再过问价格,后续涨或跌都无所谓,反正钱都花出去了,东西我也提前用到了。

过去的消费不可能永远保值,过去的选择不可能尽善尽美,总会有遗憾、有痛苦,可一味沉溺于遗憾和痛苦中,就是在耽误自己。如果不是消费行业研究者,买完东西就别关注价格;如果不是为了估分,考完就别对答案;如果不想和前任复合,分手后就别盯着前任的社交账号无法自拔。

别为打翻的牛奶哭泣,别为错过的星星流泪,痛苦不是财富,对痛苦的反思才是财富。从失败中提取经验及时止损,才是对自己负责。

3.不要轻易被别人影响

有次我看节目,一名女职员从公司离职,她说工作没给她带来成就感。但她计算成就感,不是看客观的业绩指标,而是看领导的心情,我觉得她的价值坐标被别人的情绪带偏了。

有人脾气不好,可能是因为家里有事,或身体抱恙,抑或情商过低,而不是你哪句话没说对、哪件事没做好惹的祸。

多少人因为别人的小举动,而引发自己复杂的内心活动。发个朋友圈怕别人看到会多想，朋友没给自己点赞就心事重重，怀疑同事说的话是不是暗讽自己……其实自己演那么多内心戏，也没人买票来看。

我被别人影响多次以后，逐渐理清了一点：适当自省是好的，但总把别人凌驾于自己之上，在别人的情绪里活着，自己只会越活越拧巴。

4．心甘情愿地付出就不要惦记回报

我有个南方女友嫁到了北方，有次她辛苦地学着包饺子，老公没夸到位，结果两个人吵了一架。后来我开导她说："就当单纯吃了顿饺子，干吗非得在心里演一出自己讨人欢心未遂的戏码。"

彼此的付出，会让一段关系变好；要求付出和回报对等，常把"我为你付出了那么多，你却这样对我"的句型挂在嘴边，会让一段关系变糟。亲情里，"我为你换了一份离你学校近的工作，你就只考这点分"；爱情里，"我为你放弃工作全职在家，你回来还摆着副臭脸"；友情里，"上次我陪你出去办事，这次让你帮我带个饭你都忘了"。

有人说："我的一切付出都是心甘情愿的，我对此绝口不提。你若投桃报李，我会十分感激；你若无动于衷，我也不会灰心丧气。"

如果自认为难以达到上述境界的话，我觉得付出时，这样做也能有效减少内心不快：选择对的人进行付出，能从付出中提炼出快乐。

吃得苦中苦，心里真的堵，所以要学会取悦自己。

5. 与其磨蹭不如赶紧做完

读大学时我最怕冬天，因为寝室里有个女生要为上厕所纠结好久，起床觉得冷，忍着觉得憋，翻来覆去，嘟嘟囔囔，影响我们休息。好多个冬天的夜晚，她自己拧巴，也影响了我们。

好友莫名其妙地疏远我，为什么不能直接走过去聊一聊原因呢？中意公司的人力面试后叫我回家等消息，为什么不能在煎熬中试着打电话询问进展？觉得自己的言行可能伤害到别人，为什么不能鼓起勇气马上给别人道歉？觉得身体不舒服，为什么不去医院检查而在网上乱查把自己吓个半死？

短时间就能解决的问题，非要拧巴好久，在磨蹭中，拧巴的"浓度"会飙升。明确自己要做的事和想做的事，明确自己的底线，给自己设定截止日期，到那个时间节点，就要催促自己抽身而出。

6.不要惯着自己的拧巴

我在医院陪我妈时,听到病人之间相互安慰得最多的就是:遇到不顺心的事情就想开一点。换句话说,就是不要惯着自己的拧巴,不仅心情不允许,体检指标也不允许。

有时拧巴来拧巴去,对事情的进展没有任何正向的推动作用,不仅把自己搞得内心焦灼、肝气郁结,还会拖延事情的进度。

同是天涯拧巴人,有时候我觉得我们女人太需要一种自我训练。

即分出一个旁观者的"分身",提醒处于拧巴中的自己:哪些表现拧巴了?为什么要拧巴?拧巴有什么坏处?怎么避免拧巴?分出一个享乐者的"分身",是每日推送的音乐不好听?是电影、综艺节目不好看?还是看书、游戏、运动没意思?只看到"小确丧",看不到小确幸,是跟自己过不去。

我一直觉得,防拧巴是一场旷日持久的自律战争。**网上有句话:"'不行就分,喜欢就买,重启试试,关你啥事,关我啥事',经常运用这 5 个简单粗暴的法则,你将减少八成的拧巴。"**话糙理不糙。我想起有个博主说自己喜欢看日剧,是因为日剧不兜售成功学,只反复讲一个道理:无论你活成什么样,奇特也好,失败也罢,只要是你自己选的,没伤害别人，内心不拧巴，就是好人生。

愿我们一天比一天不拧巴，把拧着的部分打开，活出洒脱明媚的自己。

你那么好看,不要生气

周末,我和老公出去吃早餐,我们商量好吃什么后,他在一楼柜台排队点餐,我上二楼占座。

等餐期间,我发现一个美女,她皮肤润泽,唇红齿白,阳光给她的轮廓镶上一圈金光,漂亮到让我看得呆住,我就静静地看着她摆弄手机。不一会儿,她的男伴拿着餐盘上楼了,她看到餐盘,突然脸色一沉,生起气来。"刚刚不是告诉过你,把套餐里的豆浆换成南瓜粥吗?"

她的男伴解释说:"楼下点餐的人太多,点餐时已经说清楚了,但还是没有换,我想再换的话又要等很久,怕你肚子饿,就赶紧拿上来了。"

本以为凭男伴的耐心说辞,美女的气会马上消,可美女压低眉眼,目露怒意,鼻孔扩张,嘴唇紧绷,怒不可遏地数落着男伴的不是。那个美女眼睛越来越小,嘴巴和鼻孔越来越大,五官的精致感瞬间荡然无存,刚才那漂亮到让我看呆的姣好面容，瞬间变得狰狞扭曲。

我老公端着早餐上楼后，我边吃边想，一旦生气，一个人再好看的五官也会变丑。

年前回老家，我在机场安检时，前面有个姑娘被查出携带液体超标，姑娘说那瓶卸妆水原本250ml（毫升），她剩下的都不到三分之一，肯定不会超过100ml。但安检人员解释说："瓶身包装需小于或等于100ml，超过则需要办托运；如果能在一个月内返回的话，可以填下寄存单，凭单取物。"

姑娘听完就生气了，把那瓶卸妆水扔掉后，生气地收拾行李嘟囔着安检人员为难她。与她同行的女伴了解了事情原委后，一路边走边劝："首先，对100ml的容器，安检人员好执行，若是100ml的液体，他们也不好测量；其次，不就是一瓶快用完的卸妆水嘛，很多连锁美妆店都有卖的，旧的不去，新的不来；最关键的是，人生气时脸部会产生毒素，研究表明，母亲生气时哺育孩子，母乳里的毒素会影响孩子的成长。你护肤养生那么久，却被生气毁于一旦，多不值得。"

刚刚还生气的姑娘在女伴的安慰开导下，脸色由阴转为晴，两个人很快聊起别的开心事。

当我们遇到倒霉事时，如果觉得别人在故意为难我们，我们就会情不自禁地越想越气。但如果我们理性一些，分析客观原因，换位思考，想想别人的难处，意识到生气的弊端，就不会再生气了。

在我看来，有三种气最生不得。

1. 生闷气

之前哈尔滨的女同事找我诉苦，说她因为不顺心的事而生闷气，气得脸上冒痘，心情烦躁，胸口还隐隐作痛。

我跟她讲起了作家吴淡如列过的一个"世事损利衡量表"。利人利己：每个人都应该做；利人损己：慈善家；损人利己：自私鬼；利人不利己：笨蛋；单纯损己：蠢到死，例如，生闷气。

女同事听后豁然开朗。虽然她看不惯别人，但以她的善良，她不会表现出来，更不会从中作梗，所以只能单纯地伤害自己，对别人没有半点影响。为什么要和自己过不去呢？

2. 迁怒

我又要拿我同学的例子来说。她毕业后在一家银行做柜员，有次不小心把本该自己保留的传票错给了客户，几经周折才从客户那里拿回来。回家后她的心情非常糟糕,向男友撒气、找碴、翻旧账,闹到当场分手。

如果要生气,一定要找到真正的对象,如果同学说生自己的气,男友肯定会安慰她,可她却去生男友的气,反而扩大了伤害面,结果更糟。

3. 为小事抓狂

有个做设计的朋友跟我讲,她们公司有个新员工,与甲方沟通了好多次,最后甲方打电话说选第一版,新员工在电话里就发飙了,觉得对方耍她。"不伺候了",当天她的试用期就结束了。

很多时候本来是件小事,偏要放大,家里发现一只老鼠,又何必放火把整个房子都烧掉。

因为我自己也是个容易为小事生气的人,所以我研究这种情绪很久了。我生气的时候,手会发抖,声音发颤,心跳加快,呼吸加速,脸越来越烫。等生完气后还有很多事要忙,除了善后、道歉,还要泡玫瑰花茶,按摩太冲穴,多敲胆经和胃经,整套做下来,一点也不轻松。

所以少生气很有必要,我有些心得和大家分享一下。

意识到自己快要生气时,"分出"一个理性的谈判专家。

谈判专家负责拷问自己：你因什么生气？这么生气到底值不值？怎样做才能满足真实诉求？

一人分饰两角，听起来很奇怪，但很有用。我一般自问自答到第二个问题时，气就消得差不多了，因为很多气都不值得生。不能为了不值得的人、不值得的事，做出伤害自己身体、形象、事业的事情，我有更好的选择。

在生气时，想象有个导演对着你喊停。很多人生起气来，气到要死也不愿停，钻牛角尖钻到头破血流，死活不肯翻篇。所以你一定要学会喊停，最好用正面的事物来转移自己的注意力。

以我的经验来说，听悲伤婉转的音乐能有效平复心情，看无厘头的喜剧能够让人忘却烦恼，找个幽默有趣的朋友聊点开心的话题，心情就可以变得舒畅。为了自己在关键时刻有能拿得出手的素材，平时要多积攒一些美好和快乐。如果收到非理性的攻击言论，我就赶紧点开那些以前夸过我的读者留言来看。

心里意难平时，默默背诵平复心情的金句。"看人不顺眼，是自己修养不够。""如果是我错了，我凭什么生气；如果是别人错了，我为什么生气。""生气，是拿别人的错误惩罚自己。"还有我最常对自己说的："你生气就不好看了。"

生气无可避免，但要针对让你生气的对象，采用合适的方式，处理完赶紧调整心态。毕竟，你这么美丽。所以请不要生气。

过有准备的人生，才是不焦虑的活法

缺乏准备会让人陷入焦虑，比如近期发生在我身边的两件事。

第一件是有个大三男生发私信给我，说马上要考英语四级了，而他一直把大一、大二当作过周末，看漫画、打游戏、谈恋爱。室友已经开始联系实习公司，同学刚刚考过了上海高级口译考试。他浏览求职网站，发现通过英语四级是很多企业招聘的最低要求，他开始慌神了，毕竟留给他考四级的时间已经不多了。

于是他整天泡在图书馆里，临时抱佛脚。掐着时间做套真题，答完题时，题目和选项不在一页上这种小事都会让他心烦意乱。做完核对答案，正确率不足三分之一，这更加剧了他的焦虑。

第二件关于我的写作搭档庆哥，上次我俩沟通有点误会，当得知第二天轮到她更新文章，但她还没动笔时，她就一头扎进了焦虑之中。

不巧庆哥那几天事情很多,要陪着老公答辩,还要参加朋友的婚礼,玩也玩不痛快,吃也吃不踏实,文章选题一换再换,发文日期一推再推。她发来的语音都夹杂着咆哮声,打出的文字也附加了感叹号,让我隔着屏幕都被她的焦虑传染了。

文章推送后,庆哥顿感轻松,她说:"以后我做事一定要有计划、有准备,不然真的会焦虑到折寿。"

这两件事告诉我,准备和焦虑之间是此消彼长的关系。

对待焦虑,大家一般有两种表现。一种是焦虑后置型,把焦虑拖延成定时炸弹;另一种是焦虑分解型,用日常准备拆解焦虑。

我一直认为,准备是缓解焦虑的良药。

在我心中,张萌一直过着有准备的人生。我之前就听过她学习英语执行"1000天小树林"计划的事迹。

她从浙江大学退学后,复读一年便考入了北京师范大学,我能想象她那时的焦虑。她在浙江大学退学后,亲友的不理解、孤注一掷地追求外交官梦、一直引以为傲的英语在摸底考试中垫底,重重压力,让她有些喘不过气。她冷静下来,根据1万小时定律,以及自己的现状和目标,做了个

"1000天小树林"计划。

书里描述了她的演算步骤。英文好是外交官的标配,外交官一般在读大四时应聘,所以她只有3年的准备时间。3年搞定1万小时,减去读大一到大三时学校为英文专业的学生提供的约5000个小时的英语学时,所以她得在3年里额外准备5000个小时,就是每天需要自学3~5个小时。

目标分解后,便开始执行,无论三九天还是三伏天,她每天早晨5点起床,读3~5个小时英语。由于起得早,教学楼还没开门,她只能去小树林里朗读。完成当天计划后打钩,并对每天的效能进行评估改进。3个月后,她英语考试成绩全班第一,读大三时获得"APEC未来之声"英语演讲比赛全国第一。

能说一口流利英语的人非常不简单,你可以想象他们在此之前练习了多长时间,他们懂得合理分配精力,且执行力强,效率惊人。

张萌就是为喜欢的人生而主动做准备的人,她影响着越来越多的小伙伴。

读杨澜的书,我获得了许多启发。她在书里说,自己是采访的"功课主义者"。她觉得自己并不算特别聪明,幸好有自知之明,知道要提前做功课、下功夫。

有次她要采访索罗斯,在有限的时间内,她做了大量准备工作,知识范围从对冲基金到金融准则,从经济理论到政治哲学。做好准备工作后心里有底,采访也就得心应手,采访后宾主尽欢。索罗斯夸她:"你对我的理论的总结比我自己表述得更清晰。"

"以每次采访平均'功课量'为10万—20万字计……策划会、准备、采访、编辑等时间加在一起,上万个小时应该也是有的。"杨澜还放了句狠话,"今天,只要给我足够时间准备,采访任何人都是可能的。"

在一本记录好莱坞编剧教父罗伯特·麦基的书中,麦基分享了避免陈词滥调的方法——"决定写任何一个故事之前,要找10种方式来写这个故事"。

"比如:讲一个爱情故事,关于男女主角相遇,最好写15到20种相遇的方式,罗列下这些方式,看哪一种方式最接近人物的生活。如果聚会是最合适的相遇方式,那就把其他方式画掉,写10种聚会上相遇的场景,然后再去聚会上了解情况和细节。"

麦基说:"如果你不认为自己是主题的权威,你怎么敢写呢?"采访和编剧都是让人焦虑的工作。从容不迫的采访者,背后做了大量功课;教父级别的编剧,私底下撕毁了多少备选稿？他们懂得用准备来抵消焦虑。

我最焦虑的时候，是对自己的准备最不自信的时候。在生活中我总会下意识地不让自己落入"准备不好—焦虑—更准备不好—更焦虑"的恶性循环中。以下是我对抗焦虑的一些方法。

为了减少出差前的焦虑，我会提前两天把旅行箱敞开，在家想到什么东西便顺手放进去，出行前检查证件，买完票后核对日期；为了减少检查工作时的焦虑，只有平时做好电子归档和纸质存档，索引明晰，才不会在检查时出错；为了减少上台做汇报时的焦虑，在家就提前把材料记熟，对着镜子多演练几遍，预料可能发生的事并备好应急预案；为了减少等体检报告的焦虑，平日里就作息规律，饮食均衡，坚持运动，保持心情愉悦。

人生没有白走的路，每个准备都算数。这些年，我逐渐理清两点：**为自己难以掌控的部分焦虑毫无意义，有意义的是关注自己能控制的部分，在能控制的部分里，阶段性地确立目标，再将其分解到每个更小的阶段里，过有准备的人生。**

我深深赞同得到App（应用）和罗辑思维的联合创始

人兼CEO脱不花写过的一句话："能把人的潜力彻底区分开的，是他的准备度。自己在密窜里的准备，会把焦虑最小化、潜力最大化。"

看到手机电量不足10%，焦虑也没用，手机得一格一格地充电，人生也是。

我从讨厌的人身上学到更多

有条读者留言让我哭笑不得:"听说你是个'天蝎女',我发现天蝎座的人最不好惹了,被你们讨厌的人,下场一定很惨吧?"

当时我心里想,作为一个"天蝎女",善妒、记仇、"腹黑",被认为是天蝎座的"出厂设置"。但我不会挖空心思地去整我讨厌的人,因为那样会让我讨厌自己。尽管有时的确会很生气,但我只会拿来当作自省和学习的机会。

想起一个比我小两岁的天蝎座女友,我俩很投缘。一次,天蝎座女友向我吐槽她们公司的女同事A,说A长得漂亮,学历很高,能力也强,但很多事情做得不厚道,是个利己主义者。

她一边拿出手机翻着A的朋友圈给我看,一边表情不悦地讲A的为人处世事例给我听。我很困惑,设置成不看A的朋友圈不就好了,眼不见为净,省得心情不爽。

女友冷静下来说，让她感到痛苦的人，她必须从其身上学到有用的东西，哪儿能让自己白白受苦。

我曾剖析自己在人际交往中的负面情绪，基本分3档：看不惯、讨厌和憎恶。我看不惯的人不少，讨厌的人不多，憎恶的人暂无。讲个我讨厌过的人吧，她是以前部门里一个与我同年同月同日生的姑娘。

起初我俩觉得缘分妙不可言，从工作业务聊到同事八卦，从感情状态讲到私人秘密，有种相见恨晚的感觉。她刚进公司几个月就怀孕了，我尽力照顾她，打印、拎包、加班尽量代劳，难做的工作留给自己，轻松的工作让她处理。

她对我的态度，也从对我心怀感激，慢慢变成理所当然。

在她休完产假后的那段时间，我的人生陷入了低谷，而她自顾自地幸福着，天天讲公婆对她亲如女儿，老公与她蜜如初恋，孩子可爱得像天使，全款买下的房子火速升值。

她的工作质量大打折扣，更高频率地找我调班。其实我能理解初为人母的喜悦，也知道职场妈妈的辛苦。但因我们做的是同一项工作，在公司人手没有增加的情况下，她少做，就意味着我得多做，时间久了，我不堪重负。

她上班开小差，午间晒幸福，下班准点走，我开始对她不满。

有天我身体不舒服,她下班把没做完的工作交接给我,说要赶紧回去,家人等她吃饭,可她何曾想过我要加班到很晚。

分歧越来越多,直到爆发争执,后来我俩彼此回避,再也不联系。

其实我很少讨厌别人,因为我不想耗费心力在我讨厌的人身上。但她例外,在很长一段时间里我都讨厌她,想起来就会心情不好,回忆中只要她参与的事情,我都会本能地盖个讨厌的章。

后来我开始慢慢反省,身边的朋友,边界感差的、分寸感次的、说话带刺的、人品不佳的,我通常都会停留在"看不惯"的范畴,就算吃点小亏,也能及时抽身,疏远开来。而对同年同月同日生的她,为什么我会动用"讨厌"这种强烈的情绪呢?

客观上说,工作分工机制、人生角色变化都有影响;主观来说,她的秀恩爱、晒娃、炫富招我烦,对我帮她却被视作分内事让我觉得不甘。但我一直没勇气承认的根本原因是:我平时是个不善嫉妒、不爱计较的人,可当我脆弱时,我对她的讨厌,暗藏着我对她顺境人生的羡慕,也附带着对自己无能的愤怒。

她的"顺境"与我的"无能",才是关键词。

分开后的某天我豁然开朗:与其讨厌她,不如想想她的哪些性格塑造了她的顺境,我的哪些短板埋伏了我的无能。我拿出纸笔,写完我对她的不满后,开始分析原因,然后找出她的优点:

她公婆对她好,因为她确实是发自内心地尊重两位老人;她老公很爱她,因为她总能发现并称赞老公的优点;她女儿很可爱,是因为在她怀孕期间心情很好,而且注意饮食;她房子升值,是因为她家投资意识很强,买房前做了很久的功课。

在我转变观点和态度,排除掉环境、际遇的因素后,我发现了我的暗面,挖掘出了她的亮面。

从她的缺点出发,我意识到一旦把任何人对自己的好都当成理所应当的话,这段关系就会变得岌岌可危;从她的优点出发,当我开始循序渐进地实践她值得学习的地方时,我在生活、家庭方面也变得顺风顺水。这让我知道,仅仅讨厌没有任何价值,要从讨厌的人身上学到东西,才有价值。

同为天蝎座的黄执中有个观点,"粗口会让人变笨",他说,粗口可以概括很多意思和情绪,如果你的语言粗糙、模糊、贫乏，那么你的脑子也不会太复杂。

我觉得讨厌也会让人变笨。对一个我们不喜欢、看不惯的人，如果只是简单粗暴地讨厌他，那这个人所有的好、坏也会被你一起关进大牢。你会狭隘地错过一个立体地探究自己和别人的机会，只会感到模模糊糊的负面情绪，却不知道你讨厌的那个人身上反映出自己内心的哪个缺口。长此以往，人生很难变得丰盈。

经历过这件事后，我再遇到看不惯甚至讨厌的人，不会任由情绪占上风，而是从情绪的入口去自省和学习。

大部分人都是既有优点又有缺点的正常人，只要在保持自我的基础上取长补短就够了。

每个人身边的人群是正态分布的。有你喜欢的人，也会有你讨厌的人。但我们不要看到喜欢的人就完全接受，看到讨厌的人就全盘否定，一定要从讨厌的人身上学点东西，因为人一旦赌气，就会忘记做事的初衷，光想着怎么气别人，只会耽误自己。

Chapter 5

爱得恰到好处，
生活才会更美好

家庭是最基本的人际关系，无论发生什么事，我都把每晚7点全家人聚在一起吃饭的习惯视若珍宝。这比我的工作、爱好、社交都更重要。

——松浦弥太郎

原生家庭会影响你一阵子，
但别让它决定你的一辈子

这些年，"原生家庭"的概念和影响逐渐被大众所熟知，我感到很欣慰，但也遗憾"原生家庭"成为许多年轻人生活不顺的"背锅侠"。

讨好型人格的人，都怪父母从小教育自己要乖；内心自卑的人，都怪父母批评太多；焦虑不安的人，都怪父母对自己要求太严格；过于自我的人，都怪父母的溺爱。

看过不少心理学书籍后，我认识到，有心智成熟的父母，孩子可能会在心智、情绪、人际、感情等方面表现得更出色。

我曾推荐给朋友一本心理学的书，是加藤谛三的《不乖》，她看完后，拎出书里"原生信任感"的概念，说自己正是因为小时候母亲没能给她心理成长所需的信任和保护，她一直没有安全感。

朋友误会了我荐书的初衷。这本书作者的原生家庭原本有很多问题，这使他从小敏感多疑，自卑不安，甚至患上了精神方面的疾病。但他竭力自救，并通过学习成了心理学界的泰斗，做自己的临床医生，治愈了自己。正如书中后记作者所写："生于不幸的环境，还是要思考如何活得幸福。"这才是我推荐那本书给朋友的原因。

在我看来，原生家庭是会影响你的过去，但不至于决定你的未来。

我见过一个漂亮却自卑的女生，她是我大学同学。每次看她打完电话黯然神伤或暗自啜泣，我就知道她是刚跟家人通完电话。

她爸妈重男轻女，偏爱弟弟。小时候姐弟俩一有矛盾，父母只会打骂她。后来她想考研，可家人希望她能早点工作，攒钱给弟弟买房娶妻。

在她姣好的容貌和身材里，却藏着一颗低到尘埃里的心。

她对人习惯性地讨好，遇事习惯性地无助，敏感多疑爱瞎想，不懂拒绝，是个爱和稀泥的老好人。追她的男生很多，但她觉得自己配不上那些男生。

男友提分手，她哭了很久，她觉得自己的性格有问题，不仅男友不喜欢,有时连她自己也讨厌。

我劝她看书"自救",于是她从图书馆借来了心理学书籍和人物传记,决定不被父母的封建思想所影响,努力赚钱争取经济独立,并鼓起勇气告诉父母,爱弟弟和爱她根本不冲突。

从此,那个自卑的女生,开始看到自己的美好;那个唯唯诺诺的自卑者,慢慢蜕变成谈吐从容的自信女青年。

她还曾对我说,羡慕我是独生女,羡慕我阳光的性格,羡慕我隔着电话和父母说笑撒娇的样子。

我对自己原生家庭的评分高,有我的两点功劳:

1. 对来自原生家庭的伤害,要有记好不记坏的钝感力

我曾经爱记仇:我妈边批评我边表扬别的孩子,我爸最怒的一次把我给揍了。这些我都记得一清二楚。直到某天,我突然意识到自己只记得父母对我的不好,却忘记了我对父母的伤害。

我在心里默默地做了个等价交换,我忘掉父母对我的伤害,父母也忘掉我对他们的伤害。这还不够,我要记得他们的好,他们也记得我的好。

对父母,我不想记仇,只想感恩。

2. 通过学习，越长大越有能力改善原生家庭的状况

小时候亲朋好友来串门，父母便夸做客的小朋友成绩比我好，等客人离开，我就对他俩说："喜欢别人家的小朋友，就去给他当爸妈好了。"爸妈说表扬别人家小孩是客套话。此后我爸妈虽然还是会称赞别人家孩子的优点，但不会再拿我和别人家的孩子做比较。

小学时学校教珠算，爸妈得知我一句口诀都不会背，气得发抖，骂我在学校不好好听课，我拿出课本告诉他们，十进制不需要口诀，调查清楚后再骂也不迟。在那之后我爸妈骂我之前都会先调查清楚状况，不会再不分青红皂白地批评我。

高中选文理科，大学挑专业，毕业找工作，我都选择爸妈所希望的反面。他们对我软硬兼施，我说这是我自己的人生，我要追求自己想要的生活，对自己负责。他们放手让我去尝试，结果每次我都超出他们的预期，于是他们对我也越来越有信心。

长大后，父母对我的作用力越来越弱，而我对他们的作用力则越来越强。

他们第一次当爸妈，我第一次做孩子，大家都没经验，得多担待，和父母多沟通，使他们成为更好的爸妈，使自己成为更好的孩子。

我听过一个说法,每个人都有三次诞生的时刻。第一次诞生,是爸妈的精卵结合,在妈妈子宫里着床的时刻;第二次诞生,是从妈妈肚子里出生,进入原生家庭的时刻;第三次诞生,是通过学习,长大后,在自己的世界里宣誓就职的时刻,即把从原生家庭里被动接受的错误观念、不当言行、不良习惯给纠正,明辨是非、三观端正的时刻。

世上确实有不配为人父母的人,但对大多数人而言,父母都是爱我们的,只是他们受限于观念、知识、技能和背景的差异,不太会表达对子女的爱。无论父母如何悉心地照顾,子女在成长过程中都难免会与其磕磕碰碰,留下或小或大的心理阴影,可我们要记着家人对自己的伤害到什么时候呢?**年轻时埋怨两句还无伤大雅,步入中年和老年后,还整天拿童年阴影和原生家庭的问题说事,就没意义了。**

我妈患病后,我非常害怕。这让我想起一个高中同学,她看不起她工作卑微、爱唠叨的妈妈,常对她妈恶语相向。读大一时,她妈妈因车祸去世。十多年过去了,她还悔恨自己当时的态度太差。

作家毕淑敏说:"从我们明白人生的韵律,距父母还能明晰地谈论以往,并肩而行的日子屈指可数。"

留给我们和原生家庭和解的时间不多了,父母日渐老去,你还要计较到什么时候?

原生家庭可能会影响你一阵子，但未必决定你一辈子。

心理学家说："人会花一生的时间来整理童年，但此生，你是要不停向父母追责、整理童年，还是找到内心缺憾，自行补上，然后弹个响指，朝着星辰大海继续前行？"

海啸虽然来过，但樱花还是开了

按照计划，周末爸妈应该会从老家过来同我们小住一段时间。可惜，生活从来不按常理出牌。

我准备给他俩订票时，他俩却支支吾吾说暂时来不了，因为我妈卵巢里出现了肿瘤，正在省会医院做全面检查。我听完心凉腿软，但他俩的轻松乐观，让我相信肿瘤是良性的。可我还是心神不宁，仿佛这些年攒起来的勇气都消失了。

当初，我毕业后在一线城市打拼，忙到春节都没空回家。尽管后来每有年假就往家里跑，但和父母一年两次的相聚还是太少。

后来我渐渐意识到父母正在老去，便下定决心换了个二线沿海城市生活。老公因爱相随，与我一同在沿海城市打拼，公婆也过来定居。我一直想接退休的爸妈过来住，但考虑到之前一室一厅的房子太小住不下，就换了套大点的房子。正当生活快要过成想要的样子时,我妈病了。她作息规律、性格开朗,还是粗粮爱好者、广场舞一枝花……然而,这样的生活方式却没能让她与肿瘤绝缘。

她说我是她的心头肉,还说生我、养我让她倍感快乐,但我从来不听她的话。高中选文理科、大学填报志愿、毕业选职业,没有一次顺着她的心意。于是那段时间我一直在想:如果当初我听她的话在省会城市做份稳定工作,多点时间陪她聊天、买菜、散步,结果会不会不同?

以前我觉得自己还算孝顺。别人啃老的时候,我在给爸妈寄钱;吃饭的时候,我会和爸妈视频聊天;平时,我会为他们买医生推荐的保健品。尽管如此,我欠他们一个"陪伴",我大概"孝"了,却没有"顺"。

好友纷纷安慰我别胡思乱想,还有人同我分享自己父母生病时的遭遇,其中就有我的直属领导。他说他30岁时,母亲得了多发性脊髓瘤,岳母患上直肠癌,他老婆是消化道科的医生,也治不了自己母亲的病。还有一个是我的前同事,她怀着身孕陪她妈妈去上海做心脏手术,那时她知道自己有孕在身不能过于担心,却又因看着妈妈被推进手术室生死未卜而本能地恐慌。

我不知道他们带着内伤扛了多久。大概只有在父母身体健康的时候，我们才可以随性而活吧。

我爸妈一直不曾透露妈妈的肿瘤是良性还是恶性，这令我坐立难安。手足无措的我既想放弃现在的生活，回老家工作陪他们，又想把他们接过来，接受更好的治疗。但我最希望的还是她能够平安无事。

后来我妈告诉我："肿瘤不管是良性还是恶性，都要做手术切除。"当我在电话里听她说有腹水时，我就开始哽咽了。我妈哭着说我一点都不经事，还说："人长大了，就要懂得面对。"我再也憋不住，跑到楼道去哭，心里呐喊："我不想经事，不想面对，只要您平安健康。"挂完电话后，我爸给我打来电话说："你妈做了很久的心理准备，你一哭全给打乱了。"我爸叫我务必调整好情绪，等手术完成后再回家。

听说手术做了很久，全子宫和左附件被摘除后，腹水处理了4个小时，病理报告要一周后才出。然而，检测结果显示是卵巢恶性肿瘤，我希望她平安无事的幻想破灭了！

我爸告诉我，其实他们早就发现了那颗肿瘤，还去了好几家医院咨询检查，后来决定去省会医院做手术。有腹水是个坏征兆，他们也做好了化疗、放疗的准备。爸妈一直怕我担心，才对我隐瞒真实病情。而不经事的我不仅没起半点作用，反而让生病的妈妈安慰我："我哼着小曲儿，你爸喝点小酒，医院里面很多病人都精气神十足，我有些朋友得了这病，后来也都治好了，生活得幸福着呢。"

父母的坦然让我瞬间成长，我不能再哭哭啼啼、怨天尤人，要留着全部力气，去做有建设性的事。我把她的影像报告拿给有医学背景的朋友看，他们说我妈的情况相对乐观，但还需要进一步观察细胞的分化情况，才能确定治疗方案。

后来，我妈术后恢复得不错，我也请了假，飞回到他俩身边。

事后，我幡然醒悟，遇到事情自我洗脑没用，软弱逃避没用，失眠痛哭没用，假装乐观更没用。父母生病，每个人都会经历"怀疑—痛苦—自欺—振作"的心理转变，但我觉得振作之前的怀疑、痛苦、自欺，被压缩得越短越好。你若不及时勇敢，谁替你爸妈坚强？

我一直说不出口的那两个字——癌症，既然已经劈头盖脸地到来，那么作为家属的我，也应该有作为家属的自我修养。

1. 我要乐观坚强

要让我妈乐观，我必须先乐观起来；要劝我妈坚强，我必须先坚强起来。

癌症不是绝症，2006年世界卫生组织把它定义为可控的慢性病，2011年进一步提出："40%的癌症可预防，40%的癌症可治愈，20%的癌症患者可长期带癌生存。"

既然癌症是慢性病，短期内不会致命，那我们就还有争取生机的时间。虽然还不知道母亲的病情具体属于哪期，但癌症一期到四期的划分方法也只是个笼统的概括，存活期也只是统计学意义上的一个说辞，早期有人吓死，晚期也有人康复。

我只有一个妈妈，统计学对我没有意义。

2．我要自学成才

周末我去图书馆扛了七八本书回家，涉及病学研究、药物机理、饮食调理、专家访谈、抗癌实录等。俗话说"久病成良医"，我却不能坐等久病成良医，我要主动学习。

家属的行为，也会影响病人的病情。我觉得，能听懂更多专业术语，看懂更多病理报告，知道各种检测手段和治疗方案的针对性及优劣性，才能少走弯路。不是不信任，而是现代医疗已经逐渐向"医患共同决策"的模式发展了。

在我看书做功课的过程中，我看到有人把病人的病例按时间顺序整理成册，方便医生了解病情；还有人拿着尺子测量影像材料，避免医生繁忙中疏漏。我极为敬重这样负责的家人。

那些日子，我远离搜索引擎上碎片化的知识以及广告推销里的导向性内容，而是认真系统地去研读相关书籍。我从上海科技、人民卫生等出版社的相关书籍中，学到了不少理论知识。不知不觉中，我已经做了小半本笔记。后来，再看母亲检测结果上的医用术语时，明显比之前熟悉了许多。我还找出母亲生活、饮食上的坏习惯，并有技巧地传达给她。

3．我要精神饱满

前段时间，我睡眠质量极差，凌晨两三点就醒了，然后就委屈地哭。也许只有失眠的人才懂熬一整夜天还没亮的痛苦。

那时的我像是一间24小时生产心慌、暴躁、恐惧等负面情绪的小作坊，我必须挥刀斩断这些只会拖后腿的坏情绪。

环顾周围，大家都在帮忙。公婆对老公说平时攒下的钱就是应急用的，放心拿去给我妈治病。省会亲戚还让出自己的房子去儿女家住，把钥匙交给了我爸。堂妹陪着我妈做完手术，三奶奶去庙里求签……

这是一场慢性病，我们都得拿出打持久战的毅力。

我得备足精力，好好睡觉，好好吃饭。越是世事艰难，越要精神饱满。与癌症抗争，不只有输液、吃药的治疗手段，饮食、情绪、心理的调节，也是综合治疗中重要的一部分。

我还得备足资金。生病一定得花钱，我打听了异地医保的自费比率，咨询了我妈投保的商业保险的理赔程序；出版公司打算预付版税给我；好友和同事也都让我有难处尽管开口……

接下来的时间，我知道我可能会因为我妈病情的反复，心情随之起落，但低落的时候，我会远离消极情绪，听点摇滚乐，保持昂扬的斗志。

我蓄势待发，希望自己所做的一切能为母亲带来幸运和力量。

这几天我脑子里常回响着一句自媒体人王小山说过的话："在日本，最让我感动的一句话，是一个快50岁的妇女，她指着远方对我们说'海啸虽然来过，但樱花还是开了'。我很想把这句话记一辈子，无论遇到什么事情，都拿出来读读。"

我也期待"海啸虽然来过，但樱花还是开了"的日子。

婚姻也可以是新的恋爱

现代社会婚姻已经被奚落得不成样子，这让很多恐婚族闻"婚"丧胆，诸如："不结婚你不过就是一条单身狗，结婚就是要了你的狗命。""确定不结婚以后，看着那些被婆媳矛盾、家务分担、孩子教育问题缠身的人，就有一种暴雨天坐在窗边，看街上躲雨的人惊慌乱跑的感觉。"

单身好还是结婚好，得具体情况具体分析。我曾写过一串幸福感不等式，甜蜜的婚姻＞有趣的单身＞无趣的单身＞互毁的婚姻，好的婚姻在幸福链的顶端，而差的婚姻则位于幸福链的末位，所以我想和决定要结婚或已经结了婚的人说："既然要结婚，那就奔着甜蜜去吧。"

在婚姻中，长久的爱情何其难得。如何避免审美疲劳？复旦大学的陈果老师如此回答：激情永不消退的秘诀就是，一次又一次地爱上同一个人。

听上去有点不可思议。但如何做到这一点呢？

以下3点尝试和改变，确实提高了我对婚姻的满意度。我迫不及待地想要和大家分享。

1. 确立一个谁先哄谁的机制，避免吵没必要的架

有个经典辩题是：伴侣吵架，谁错谁道歉，还是男方先道歉？不要放过这个辩题，你和伴侣最好趁此机会商量出一个道歉原则。

伴侣间吵架在所难免，但吵架的意义，是为了让对方感到爱意或歉意。我和老公吵架，就达不到这个效果。翻旧账，放狠话，戳痛处，气话被信以为真。没有一滴水认为是自己引发了洪水，没有一场架认为是自己侵蚀了婚姻。有些问题我们觉得是对方的错，所以吵架在所难免。但有些问题，是别人或外界的问题，为这种事吵架就不值得。

针对后者，我俩达成共识，哄能解决的事情，尽量不要吵。以预防为主，即在借题发挥或直接开吵之前，确立一个谁先哄谁的机制。

我俩设定的机制是：谁情绪不好时，就先找出让他（她）情绪不好的原因，然后在此领域里付出少的人，负责哄付出多的人。

来看看这个机制的实际应用。比如老公发现我在生闷气，如果我说是公众号方面的事情，他的付出不及我，所以

他要哄我；比如我看到老公心情不好，如果是因为开车的事而不开心，我不认路、不懂车、没驾照，他的付出远胜于我，所以我得安慰他。

这招屡试不爽，哄人就是用甜言蜜语猛夸对方，听到的人心情立马会好一大截。情绪差的那个人，也会觉得就算事情不顺利，但起码有个知心人。

2．想着对方的缺点时，也要想着对方的优点

刚结婚不久，我就差点被老公的洁癖逼疯。我擦桌子，他说每个区域擦桌子的抹布都不同，叫我不要弄混；我吃面包，他说面包屑会掉得到处都是，叫我最好到厨房水槽那里去吃，或者拿盘子接一下。我不习惯，说吃完自己打扫，他便说我打扫不干净，他还得再打扫一遍。

他觉得我打扫得不干净，于是把家务活全包了，那段时间我很拘谨，生怕他说我把他弄干净的房间又弄脏、弄乱了。

我跟女同事抱怨，女同事却说像这样爱干净、爱做家务的老公简直是她梦寐以求的，她老公不仅不帮她做家务，还会给她制造更多的家务。

那时我才意识到，总盯着对方的缺点，就像是拎着垃圾袋一样，腾不出手来接礼物，对双方的感情有害无益。

我对自己说："如果我不想婚姻破罐子破摔,那么当我想到老公一个缺点时,就要想这个缺点有没有对应的优点,就算没有,也要想一个其他方面的优点。"

现在我开始写感恩日记,每晚回忆并记下3个当天最值得感谢的人、事、物。老公为我做的,占据了日记的半壁江山。久而久之,我觉察到自己看他的眼神,竟有了几分热恋时的崇拜。

对一个人太失望,会让自己逐渐失去探索对方的好奇心。多发掘对方的优点,多记录对方的美好,做到像陈果所说的"一次又一次地爱上同一个人"的概率才会提高一些。

3.用心营造婚姻里的仪式感

心理学上有个"快乐适应现象"的概念,就是当好事发生时,快乐指数会飙升,但持续一段时间后,又会回到原来的水平。也有心理学家提出"快乐适应预防模式",其中的一个关键点是"变异"。

这也适用于婚姻,当我们定期为婚姻注入一些仪式感时,便能有效延长快乐的时间。

举两个我觉得很甜蜜的有仪式感的例子。

有个博主说,她和老公会在家里的各个角落藏很多小纸条,如果发现了对方放的纸条,就一定要完成纸条上写的事情，类似"看到纸条就来亲我一口吧"，博主感慨这样的日子特别有意思。

主持人陈铭曾在节目上晒自己收到的生日礼物，他老婆找到他出生那天的《光明日报》，把报头上的"光"字用《武汉晨报》的"晨"字糊上，报头就变成了"晨明日报"，取了"陈铭"的谐音，然后又把头版的所有大号标题替换成了与陈铭出生有关的内容，用夸张的形容词来描述陈铭出生的意义，听得所有观众都羡慕不已。

想要一次又一次地爱上同一个人，大多数时候，用心比花钱更浪漫。送个名牌物件会有拜金或炫富的嫌疑，但你花的心思、时间和创意，会让你准备的礼物独一无二、历久弥新。

我能理解有些人在婚姻中过着过着就麻木了，一来因为他们被现实中的麻烦事弄得焦头烂额，二来他们觉得老夫老妻不用折腾那些没用的事。但麻烦事是处理不完的，不表达爱，爱就会慢慢淡了。

生活就像闯关游戏，每打完一关，就会解锁更难的一关，永远没有尽头。所以偶尔停下来，为感情营造点仪式感和幸福感吧。

我觉得让婚姻生活越来越好有三个小方法：避免不必要的争吵，多想对方的优点，定期营造仪式感。不信你试试，谁试谁幸福。

　　有句话叫"四十岁就是新的二十岁",同样,婚姻也可以是新的恋爱,就看你如何对待了。

恋爱看审美，结婚看习惯

有读者问我："爽姐，你在恋爱和婚姻里，最看重哪一点？"

我回复他："谈恋爱，我看重审美；谈婚姻，我看重习惯。"

关于恋爱和婚姻，以前人们觉得人品最重要，现在人们觉得三观最重要，虽然都没错，但我觉得这些说法都有些大而无当。

在我看来，恋爱和婚姻有着显著的差异。相对而言，恋爱更浪漫，双方更注重感受，审美合拍不合拍，关系着恋爱甜蜜度的上限；婚姻则更现实，双方需要实打实地过日子，能不能接受彼此的习惯关系着维系婚姻关系的下限。

谈恋爱就是谈审美

有天我和老公看综艺节目《恕我直言》，嘉宾李诞的话，听得我俩频频点头。他说："谈恋爱就是在谈审美，两个人在聊人生经历、电影、音乐，其实都是在聊审美。只有认可彼此的审美，在一起才会更简单。"

我时常想，缘分真是妙不可言。我生于西部，长在东部；他生在北方，长在南方。成长环境各异的两个人，竟被缘分牵引到一起。后来我明白了，审美合拍就是最好的缘分。

我俩曾就职于同一家公司，我开始关注他，是因为发现他午休时必看《老友记》，后来机缘巧合，我发现他喜欢的美剧、电影、小说、音乐、球星，基本上也是我非常喜欢的，"好巧，我也是"是我们对话的高频用语。一个人起头，另一个人就懂得对方要说什么，两个人争先恐后地补充细节，顿觉相见恨晚。

记得最令我心动的那个晚上，我们聊着彼此最爱的摇滚乐，我提一个乐队，他唱这个乐队的歌，当我提到一首对我来说意义重大的冷门歌时，他也开口就唱，当他说这首歌对他意义非凡时，我的心猛然颤动。

这些摇滚音乐，曾陪我度过许多孤独的夜跑时光，曾让我在幽暗迷茫中振作，于他，可能也一样。两个人的过往，通过音乐联系在一起，让我感觉他早就陪伴着我了。

我们顺其自然地恋爱了，本来姐弟恋和异地恋都是恋爱中的超纲题，但我俩好像并没什么困扰，就像李诞说的"只有认可彼此的审美，在一起才会更简单"。

到现在，我都感谢审美的高度重合，为我俩减少了很多麻烦。有调查显示，有七成的恋人或夫妻会在装修中吵翻天，我俩一句没吵，他看上的家具，让我觉得他很有品位；我说把卧室墙壁喷上紫色的硅藻泥，他立马就明白我想要的是《老友记》里莫妮卡家涂的那种颜色。我吃到好吃的食物，希望他尝一尝；他听到有趣的观点，也会跟我聊一聊。我们会对共同感兴趣的东西会心一笑，但有时也会有看法各异的激烈讨论。我们都觉得有点肌肉的身材最好看，晚上看电视时，他练健腹轮，我就举哑铃。

其实，一个人现在的审美，是以前所有喜好的沉淀。审美合拍的人，更容易聊下去，相处也会更舒服、更快乐。

谈婚姻就是谈习惯

广大女同胞常说，要找个知冷知热的结婚对象。但我觉得除了知冷知热，习惯不好也不行。如果恋爱时，对方有让你受不了的坏习惯，他不改，你无法释怀，婚后你就会觉得日子特别煎熬。

我的好朋友芊子，结婚半年就离婚了，问及原因，说是忍受不了前夫的坏习惯。前夫常叫朋友来家里喝酒，醉了就蒙头大睡。她工作很忙，下班了还得替他收拾残局。她感慨婚姻是女人最好的技校，短期内能让你迅速熟练做各种家务。

好说歹说她前夫都不改，生气的芊子最终选择了离婚。离婚后，她便奉劝众姐妹，一定要嫁让你们省心的人，不然以后再有一两个让你们崩溃的孩子，会把你们彻底击垮。

我观察身边女友的男友或老公，在同等感情基础上，只要男方习惯良好，基本都呈现出相处融洽的局面。

决定结婚前，最好摸清对方的生活习惯，赌博、家暴红牌罚下；不做家务、沉溺游戏可以黄牌警告。如果不喜欢对方的习惯，能不能进一步发展，完全取决于两个人的相爱程度。

我认识的一个男同事，女方受不了他用卫生间水槽洗脚的习惯，他受不了女方刻薄地指责他家教不好。女方受不了男方的卫生习惯，男方受不了女方的说话方式。最后两个人分手了。

结过婚的人都知道，婚姻要落实到衣食住行、柴米油盐，这不是演练，婚前不要只顾脱离实际地谈浪漫，惯着对方的坏习惯，最终婚姻"挂了科"。

结婚需要清醒，盘点一下对方的坏习惯，哪些属于超出

原则的，哪些属于眼不见心不烦的，哪些又属于能包容的。双方习惯融合度越高，婚后的日子也就越幸福。

婚前该动脑子的时候千万别动感情，一定要理性。

谈恋爱就是谈审美，谈婚姻就是谈习惯，这是我的看法。

恋爱和婚姻，每个人看重的地方都有所不同。有些年轻人举重若轻，觉得找个使用空调的度数合得来的就行；有些长辈会比较看重物质。

我觉得玩笑归玩笑，习俗归习俗，但我们终将明白，恋爱是自己谈，婚是自己结，舒服不舒服，幸福不幸福，只有自己知道。

审美合拍让人动心，习惯合拍让人舒心。

谈一场以审美为核心的恋爱，结一场以习惯为重点的婚。

回家前调整好心情，
是婚姻里最基本的自律

我一直在回味，上个月我与女同事闲聊的内容。

有天她下班回家，从楼下取了四五个快递，美滋滋地上了电梯，可在电梯上行期间，她很担心，想着等会儿推开家门，她老公见她买那么多东西，估计会有"乱买东西""买了不用""家里没地方放了"之类的抱怨，她越想心情越糟。

等她到家，正在做饭的老公转身跟她热情打招呼，一看那么多快递，就过来帮她逐一卸下。她老公只是说了一句"嚄，买了这么多啊"，女同事条件反射地觉得老公果然在责怪她。她防御性地回话："你以为我都是给自己买的吗？也给你买了穿的、吃的。我也没有乱花钱，都是刚需，只是趁便宜才买的。"她说着说着，心底泛起委屈，接着"以小见大"地跟老公大吵了一通。

次日女同事自省，老公只是陈述了一句事实，而自己在下班到家前，心里就认定会被老公责怪而充满怨气。

她说自己在工作、健身方面都对自己严格要求，然而面对自己最亲近的人，却任由脾气"易燃易爆"。以后下班回家之前，要尽量调整好自己的心情，她认为这是婚姻里最基本的自律。

提到自律，我们通常会想到学习提升、饮食锻炼、作息安排等，但其实爱也需要自律。自律和不自律的人，会拥有截然不同的婚姻。

在我看来，婚姻里最基本的自律，大到不出轨、不背叛，小到每天下班回家前克服婚姻的倦怠感和一天的疲乏，主动调整好心情和状态。作为职场人，工作中有时业绩不理想，有时吃了哑巴亏，下班回到家可能什么都不想说、什么都不想做。如果两个人回到家，仍然活在上班的延长线上，为一点小事就吵架冷战，那简直比上班还累。而**那些在婚姻里有自律心的人，不会将最差的情绪留给最爱的人，他们会在回家路上尽量消化掉负面情绪。把一天的消极情绪全部关在门外，带着热情和欢乐回家，好奇对方今天过得怎样，分享自己这一天的见闻。**

前段时间我看了看叔叔的朋友圈。他分享了一则"为什么有些人开车回家后,不直接回家而是要在车上坐一坐"的链接,并在转发时写:"也有不少人快到家时,脚步都是加快的。"

我想起刚毕业在深圳求职,在叔叔阿姨家小住的那段时间。据我近距离观察,我发现他俩高质量的婚姻,离不开他们回家后都会热情迎接对方这件事。

两个人中,后回家的人一进家门,先回家的人便会亲自到门口把包接过来,擦下汗、倒杯水,让人很有归属感;后进门的人稍事休整,就会到厨房帮忙,两个人一边做着家务,一边谈谈公司发生的事情,我在旁边偷听了很久,他们谈论的内容好的远多于坏的。

那段时间阿姨刚怀孕,做饭时她在旁边念着菜谱上的做法和食材的用量,叔叔则穿着围裙在灶台旁炒菜,等到吃饭时,阿姨夸叔叔做得好,叔叔夸阿姨念得好。平淡日子里他俩也会为对方制造小惊喜,叔叔偶尔会拿回来一两枝花送给阿姨,阿姨有时饿了、馋了会到楼下便利店买点鱼蛋,回家后给叔叔也尝一尝。如果一方没有调整好心情,会提前明确告知。有天阿姨回家后情绪特别差,她对我俩说自己很想跟我们聊,但她很累想先躺一会儿,让我们等到饭做好了再叫她。

现在回想起来,真是佩服叔叔阿姨,那时他俩工作压力大,晚上八点钟到家都算早的。但每天他俩回家,都坚持做齐"贴心迎接、热情分享、互相夸赞、制造惊喜、提前申明"等亲密举动。这里面有恩爱的因素，更有自律的成分。

我结婚以后，好几次把工作上的情绪带回了家。刚开始还隐忍不发，找到机会后便借题发挥，在突破了老公忍我、哄我的极限后，两个人便吵到天昏地暗，直接影响了第二天的工作状态。

有一年结婚纪念日我俩约好去外面吃饭，但那天我工作上诸事不顺，身体也不太舒服，心情暴躁烦闷。以我对自己的了解，已经预料到吃饭时很有可能会生气。但我不想在这样特别的日子里生气，于是在赴约的路上，先是听笑话，坏情绪很快被笑声替代了；之后，我又反复听他以前表白时唱的歌，脑子里像放电影似的，闪过很多暖心的往事。

所有的糟心事仿佛都在渐渐淡去，等快到餐厅的时候，我体会到了木心所写的"小步紧跑去迎接一个人的那种快乐"。

那个美好的结婚纪念日，让我联想到在同一种坏心情下，不同处理方式带来的不同结果。

1. 放任版

下班回家后如果理所应当地把坏情绪发泄给对方，很可能会迎来一场令人身心俱疲的争吵或冷战。觉得自己为了家人在努力工作,其实下班后什么都没做,回到家就舒服地做自己,任由坏情绪和坏脾气牵引,就算对爱人说话语气不好、态度敷衍、表情冷淡,爱人也应该对自己理解包容。

2.调整版

利用下班回家路上的缓冲时间,有策略地调整好心情和状态。在路上听点轻松的相声、音乐,从工作状态切换成生活状态,回到家和爱人好好聊天,心情不好也要表明分享的愿望,但需要一段时间的自我调整,让对方减少担忧。

经测试,以事先预防调控为主的"调整版"比以事后收拾烂摊子为主的"放任版"要好上许多倍。

书籍《生出幸福的小小花种》里松浦弥太郎写:"家庭是最基本的人际关系,无论发生什么事,我都把每晚7点全家人聚在一起吃饭的习惯视若珍宝。这比我的工作、爱好、社交都更重要。"

很多人都知道"家人最重要"这个抽象道理,但更重要的是如何具象地融入生活。

我认为,回家前调整好心情,是把"家人最重要"具象化的开始。

Chapter 6

不拿赚钱当回事的姑娘该醒醒了

当世界对你说"不"的时候,你的选择,就是你未来的人生。而这种选择会在十年、二十年后带来完全不一样的人生。

——和菜头

不拿赚钱当回事的姑娘该醒醒了

有一天我收到一条新闻推送,标题令人揪心——23岁女孩为救绝症妹妹,欲嫁人筹钱。15岁的妹妹中考前被确诊为急性淋巴细胞白血病,23岁的姐姐辞职回家照顾妹妹。缴费单上的数字令人心惊肉跳,父母在外奔波筹钱,全家压力越来越大。姐姐说想把自己嫁出去,用彩礼钱救妹妹,母亲当场就哭了。

我感慨,意外无常,亲情让人感动,但"谁出钱我就嫁给谁"的想法真的太悲壮了。当我点开捐款页面想尽点心意时,看到已经筹够款了,欣慰之余,更祝她妹妹早日康复。

一天发小发了条朋友圈。"人到三十,最懂钱的重要性。"我私聊问她发生了什么事,她说她生了一对龙凤胎。

我却不知该不该恭喜她。因为她已经有个3岁的女儿了,上有4个退休的老人,下有3个幼小的孩子,虽说廉租房解决住房难题，但孩子的奶粉和尿不湿、老人的药品和保健品，哪头花起钱来都不是小数目。

她老公的收入目前是家里唯一的经济来源，以前只有一个孩子时，她还能出去打工，现在又添俩娃，短期内她没法上班，一家人只能过着经济窘迫的日子。

在我认识的人中，深圳的女同事D姐也生了龙凤胎。

D姐工作能力强，经济条件好，生了龙凤胎之后，在南山区换了一套三室的学区房，因为两个孩子只需一个学区房，她觉得自己赚到了。

消息是好是坏，需要具体来看，就像我曾看过的一档求职节目，年轻姑娘问主持人："我在北京有份朝九晚五的工作，前不久一家香港上市公司的人力资源顾问给我发来一份面试通知，要我去香港面试，但成功率很低，我该去吗？"

主持人的建议一针见血。"如果你有钱，只需要注意安全，就算没成功，不过就买两张机票的事，如果成功了，则可能平步青云。"接着话锋一转，"如果你没钱，入不敷出，建议你谨慎，因为去往香港面试的机票钱很可能是你两个月的生活费。"

可见一个消息是好是坏，有时候取决于消息接收者本身的经济能力。

没有钱，好消息都能让人惆怅；有钱，至少还能给坏消息做缓冲。

"脸书"首席运营官谢丽尔·桑德伯格在《另一种选择》一书中讲过，与她相爱相伴11年的灵魂伴侣戴维，在健身房突然去世，令整个家骤然滑入悲痛的深渊。

其中一个细节令我印象深刻，谢丽尔的小儿子和小女儿问她："爸爸去世后，我们是不是要从现在住的房子里搬出去？"谢丽尔的答案是"不"。她说："这是多么幸运的一件事，我深深感谢我们的财务保障体系。"

失去父亲对孩子来说已经是巨大的打击，再失去习惯的生活环境更是雪上加霜。好在"行走的印钞机"桑德伯格不惧怕任何账单，这可谓不幸中的万幸。她列出一个数据：全世界约有2.58亿女性失去了丈夫，其中超过1.15亿的女性生活在贫困之中。

对收入不高的女性来说，除了失去挚爱的毁灭性打击，丧偶之后往往连满足基本生活需求的收入都没有。

我的一个女友，她老公需要外派两年，去其他城市的一所大学脱产学习。她辞去工作跟着老公去了外派工作地点，刚开始她找工作处处碰壁，觉得老公工资很高，在学校里住宿舍、吃食堂，花销小，便没有继续找工作。

她老公起初也很感激她的付出，心疼她的遭遇，觉得两年后就可以回原先的城市，媳妇不工作他完全养得起。但感恩和心疼随着时间逐渐淡化，他老公越来越看不惯她伸手要钱和无所事事。有次还讽刺她"挣是不会挣，花倒挺会花"。女友便痛定思痛，当天就上网投简历找工作。

我之前看过一部叫《伯德小姐》的电影，比起想冲破束缚为自己取名为"Bird"的伯德小姐，我对她的妈妈印象更加深刻。

因为家庭经济拮据，她女儿想考纽约的大学，她甚至说出"你都不值那个州的学费"的刻薄话，把她女儿气得跳车；她买东西总是锱铢必较，遇事马上把它们折算成米面开销。每次她女儿路过城区的大房子时，都会想象有钱人的生活。

伯德的母亲活得苦大仇深，拘谨又紧绷。如果能多赚点钱，她可能会有更轻松的生活，可以更从容地爱女儿。

"女人需要花钱的地方实在是太多了"，这句话经常出现在我的感慨中。在社会新闻里，在熟人遭遇里，在电影情节里，在字里行间……也在我的亲身经历里。我举 3 个小例子：

1. 上街的时候

我自诩是个理性消费者，日化用品用完才会买新的；生活用品则列在便利贴上，很少冲动购物。

就算我如此理性消费，同样会对很多东西一见钟情，但看完标价后我就会决定，多赚点钱再来接它们回家。

2. 理发的时候

我常年选择一家较贵的工作室理发，环境洁净，音乐很有品位，没有"尬聊"，还有满墙的书。

我很享受理发时光，每次听店主讲起跑过的马拉松、读过的好书，就觉得很值，头发和头脑都收获了清爽。很多时候我甘愿为小确幸溢价消费。

3. 生病的时候

尤其是家人生大病时，你会明白，医院的墙壁比教堂听到了更多的祈祷，医院走廊上的人比彩票站里的人呼唤更多次好运。

我在医院的楼道间，听过不少人打电话向亲朋好友借钱看病。最让我百感交集的是，陪我妈化疗那年，我妈一个病友的女儿说："化疗药物有国产和进口之分，国产的疗效不错，有医保承担大头；进口的药物比国产的贵几倍，且医保报销不了，但据说副作用小很多，对人体伤害更小，你看人家李开复化疗都不掉头发。"

我妈像是知道我想让她用进口药物，便说知道我的心意，但面对这场持久战，她已经下定决心用国产药，让我不必再劝。我心里是知道的，如果我不差钱，她可以少受许多罪。那一刻我赚钱的欲望达到了巅峰。

我看到很多热门文章，标题基本都是"为什么女人要多赚点钱"。我就纳闷了，这个问题还需要问吗？后来我发现，身边不把赚钱当回事的女人很多。

有上了年纪的母亲劝女儿，找个有车有房的男人嫁了，比拼事业靠谱多；有结了婚就无心工作的少妇觉得，老公赚的钱足够了，自己不必辛苦工作；有生了孩子就把工作当消遣的妈妈觉得，不管赚多少，有份工作就行了。

在我看来，自己赚的钱花起来最硬气，不用仰人鼻息，因为暂时有靠山就懈怠的行为是短视的，把工作当消遣的人也赚不到钱。

那为什么女人要多赚点钱呢？

因为多赚到的钱可能是你与心仪的他门当户对的筹码，可能是你不必花式砍价而想买啥就买啥的自由，可能是你跟随内心表达心意的底气。

我不想宣扬金钱至上论，但我的经历让我觉得，女人赚钱很重要，经济独立是一切独立的开始。 真心希望你能在上班时间尽力创造价值，下班时间努力提升自己，让自己在赚钱的过程中，越来越能独当一面，越来越有安全感。

女人要花钱的地方实在太多了，女人要赚钱的理由也实在太多了。

要让自己赚钱的速度跟上小确幸的速度，跟上难关刷新的速度，跟上父母老去的速度。

去赚钱吧，就像没有后盾一样。

瞎想太多，会最先拖垮自己

身边发生的几件小事让我深深觉得：想太多会毁了一个人。

上班路上我听着广播节目。主持人说有个姑娘觉得上班特别煎熬，因为以前常鼓励她的女上司，最近对她不咸不淡，面无表情。

她忐忑地从工作业绩排查到职场礼仪，逐帧慢放回忆，思考自己到底是什么地方让上司失望了，担心自己会被炒掉，甚至一度失眠，焦虑得快要崩溃。事后得知女上司是打了瘦脸针，才变得面无表情，不禁心里松了口气。想太多差点毁了她的自信和健康。

我们通常说"想太多"的时候，不是指基于客观存在的慎重思考，而是指主观上的瞎想。瞎想＝浪费时间＋拖垮情绪＋思虑伤身＋患得患失＋关系失衡＋"黑化"别人＋钻牛角尖……

其实这些瞎想的事，绝大多数都不会发生。做人如果瞎想太多，只会在方方面面消耗自己。

你的问题就在于，想太多而做太少

有个读大三的男生发私信问我，看着大四的学长学姐们找工作困难，非常紧张。他说他英语没过六级，没有入党，没有一技之长，没有方向，不知道自己将来想做什么、能做什么，觉得自己的未来十分迷茫。

我当年可比他紧张得多，因为焦虑而失眠了一个学期。

而我解决的方法，是去真听、真看、真感受。

当时我不想考研，虽然喜欢所学的专业，但并不想以此为职业。于是，我便立足于自身情况，选择走适合自己的就业路。

那时我对外贸很感兴趣，除了学好英语和考证书外，还专门跑去义乌实习。短短一两个月，我在面试实操、新人培训、商务礼仪、外贸事务等方面都增长了许多见识。有了这些经验基础，我仿佛知道毕业后的第一步该怎么走了。

你可能不知道未来要做什么，但你现在必须得做点什么。能找到方向固然很好，如果没找到，至少你也能排除一些选项。

哈维·艾克的《有钱人和你想的不一样》里有个拿走廊

打比方的说法，我觉得很妙。"如果你真想了解一个行业就去做，不必第一天就万事俱备。先踏上走廊，很多机会之门敞开，在走廊上看着从不同门进进出出的人和工作，你会发现一个适合自己的切入点。"

空想不会让我们接近真相，只会让我们裹足不前，拖延我们去经历、去感受的进度。其实当你真正去面对，去经历，去感受时，你会发现事情没有想象中的那么难。

女人的身体里面，七成是胡思乱想

有次我和几个女友喝下午茶，谈到异性有什么优点，是女人学了以后最受益的。其中一个女友说："男人不会像女人想太多。"这个回答赢得了全场最多赞。

相较于男性，我和身边很多女性都有想太多的情况，尤其是涉及情感的问题时。

有次做红娘，我把一个女友介绍给一个男同事。他俩第一次见面后，男同事只觉得"性格挺好，再处处看"。而女友跟我讲了一大堆：男人的姓氏好不好取名；两人的星座、年龄合不合拍；双方老家婚俗习惯的差异；男人的性格对子女关系的影响，以及未来要不要和公婆住在一起……我就纳闷了，才第一次见面，八字还没一撇呢，女友就已经把未来几年的人生都仔仔细细地想了一遍。

前几天我安慰失恋的女友，她承认自己想太多让感情变了味。

她喜欢去男友社交账号里侦察，看到亲密热络的留言，就点进对方主页。除了用想象推演，她还常出情景题来测试男友的心意，甚至还考验他的人性。男友带她见家长，当男友妈妈问女友爸妈是否有养老保险时，她想考验一下男友及其家人，本来有，偏说没有，事后再指责男友没担当，男友责怪她不诚实，后来这事成为他俩分手的导火索。

她单身时是个潇洒又独立的姑娘，谈恋爱后，天天猜忌、吃醋、侦察，然后是怀疑、争吵、分手。

感情里最忌瞎想和试探，与其想那些没用的，不如努力建设自己。安全感这种奢侈品，你得自己争取。

去做有建设性的事

因为一件事，我更佩服我的写作搭档庆哥。她怀孕 4 个月时，去做三维排畸 B 超，医生说小孩心脏不太好，她告诉我："我得知消息后，内心绝望无助极了。"她预约了做羊水穿刺，得排几天队，检查结果要熬一个月才知道。

那段时间她过得特别艰难，我很担心她，于是每天想方设法地鼓励她、安慰她，但事实证明我多虑了。第三天她就和她老公、婆婆分工张罗做汤包生意。

她知道，瞎想太多只会让自己越过越差，做些转移注意力的事情，去上班、写文章。一个月后她高兴地告诉我检查结果一切正常，幸好当时找事情做转移了注意力，没让自己想太多。

很多时候，要学着给自己找点事做。晚上有心事睡不着，起来背背单词也好，或者做做家务。白天与其瞎想，不如整理整理碎片化信息，或者出去运动，清空脑子里的想法。

经常有女读者问我怎么避免玻璃心。从她们的描述来看，人越闲越爱想太多，永远在一些无关紧要的事情上"脑洞大开"，自我戕害。

跟人打招呼，对方没反应，你以为得罪对方了，但他可能只是近视；你去同学寝室小坐，临走时看到同学在擦你刚才坐过的椅子，可能只是因为你的同学有洁癖。

在我看来，如果把瞎想换成有建设性的思考和行动，你就会觉得自己和世界都好多了。我刚来大连工作时，生活节奏和工作强度都有所降低，一度无聊到翻看老公手机的地步。后来开始写文章，花大把时间来雕琢词句和文章结构，日子变得有趣多了。

瞎想，是一种很厉害的溶剂，它能溶解你的容颜、健康、事业、爱情和心情。把时间花在该做的事情上面吧，别每天矫情地想七想八，为了鸡毛蒜皮的小事而玻璃心。要知道，留给我们努力的时间是有限的啊。

你的被动，正在淘汰你

主持人马东说他要亲自把关公司所有面试的最终环节。在面试时，他时常会问："西红柿炒蛋该怎么做？"

如果换作我，当场发蒙，该如何作答呢？无厘头的题目肯定蕴藏着玄机，我带着几种猜测继续往下听。

应聘者凡是支支吾吾回答不会做的，或是结结巴巴报流水账的，都没能过马东这一关。

其中一个应届小伙子是这样回答的："马老师，您这问题真有意思，我猜您应该不会真想考验我的厨艺吧，我厨艺不行，但我对如何调出一杯好的鸡尾酒倒是颇有心得，我和您说说？"而这就是打动马东的满分回答。

因为小伙子看懂了马东的提问诉求。公司当然不是真的要招厨师，而是想考查对方的表达能力、思维逻辑和抗压能力。

马东很欣赏小伙子遇到"奇葩"题目后没有问一答一，

而是多想一步，反客为主，化被动为主动。小伙子的回答我反复听了好几遍，越听越妙。他先把马东占据主动权的局面打破，再展开一段平等的互动对话，勾起马东的好奇心，进而掌握了主动权。

电影《穿普拉达的女王》中也有类似的情节。刚毕业的安迪去面试时尚女魔头米兰达的助理这一职位时，场面被动到难堪。她没看过米兰达公司出版的杂志，她对时尚既没有追求，也没有见解。

安迪开始化被动为主动，分为两步：一是介绍自己的长处。比如自己曾是《西北日报》的主编，获得过全国大学记者竞赛第一名，揭露了校工团的不法剥削。二是在面对米兰达的不为所动时，她说："在你看来我不适合这里，我不够苗条漂亮，不懂时尚，但我很聪明，学得很快。"结果她争取到了米兰达助理的职位。

开始安迪完全不占优势，但马上意识到自己与米兰达要招的人之间的差距，于是介绍自己的长处，突出自己的与众不同，在被动的场面中，赢得了一些主动分。

一个在面试中化被动为主动的人，在工作中更能大概率地化被动为主动。安迪的助理工作，从预订晚餐到检修车辆，从寄感谢信到跑腿工作，从联络不能起飞的飞机到拿到未出版的书稿……这些工作，没有很强的主动解决难题的能力，是撑不过两天的。而一个员工能否化被动为主动，是很多企业老板看重的素质。

帮我出第一本书的恩人崔老板说："以前我招人时喜欢看起来老实、名堂不多的听话姑娘。但做管理的时间越长我越觉得，管理这类人组成的团队，如果自己什么时候脑子短路或状态不好，整个团队就停止不转了。现在用人，我改换思路，喜欢在专业领域有见解，敢于表达且做事主动的人。"

吃过亏的老板们已经开始调整招聘策略了。大概只有面试中能掌握主动权的人，才是日后工作中能主动解决问题的种子选手。

和菜头在《你不重要，你的喜欢很重要》中，讲到一件事：他早年是航空公司的一名放行飞机的签派员，有一天在为早班机准备文件时，发现某架飞机没有降落地机场的天气报告，如果缺少这项报告，就不能放行飞机。他当时有其他准备工作要忙，于是把这事交给了副班处理。

等他忙完，询问进度时，副班安静地说："通讯录上的电话我都打不通，无法联系到对方机场的气象台。"他压着火气问："然后你做了什么？"副班平静地说："等消息。"他压不住火了。"飞机一会儿就要起飞了，你要等到什么时候？"副班也很无奈。"我能有什么办法，你让我找谁去？"

和菜头冷静地接过手，摆在他面前的问题变成：通讯录上的电话打不通，那么怎样才能找到能打通的电话？最后，他打了对方当地的114查询电话，查到机场总机电话号码，辗转联系上气象部门的人，拿到了天气报告，最后航班才没延误。

对副班来说，被动遵照工作流程，避免承担风险；而对和菜头来说，尽可能灵活主动，想办法解决问题。正如和菜头所说："……这种选择会在十年、二十年后带来完全不一样的人生。"

我觉得像副班这样的人在职场中很常见，习惯于听话，习惯于被动，当一个超出操作流程或领导指令的难题出现时，他们就理所应当地开启被动模式。而为了解决难题，主动思考、主动解决的人，更容易脱颖而出，不必再等一二十年。

"不要习惯被动，要化被动为主动"是这些年盘踞在我心中的职场铁律。我见过许多因主动而得福的人。比如与我同龄的小丁，她的职场跃迁史就像荡秋千，每荡到最高点时又跳上一个更高的秋千。从起初的小公司跳到大巨头，我好奇她是如何找到那么好的机会的。

她告诉我，她在一次聚会上认识了一个在行业头部公司上班的朋友，于是斗胆问朋友有没有内部推荐的机会，朋友觉得她挺适合，就向公司推荐了她。小丁的笔试和几轮面试都发挥出色，她进入了梦寐以求的公司，介绍她进去的朋友获得了内部奖励。一次，公司有个领导岗位空缺，采用的是内部竞聘的方式。她觉得自己符合条件，就报名争取了，在一众领导面前，她大方陈述自己的理念和经验，成了空缺岗位的黑马。

我也见过太多因被动而得祸的人。面试时像个乖学生一样，什么问题都不敢问，什么要求都不敢提，等着HR（人力资源）主动提问；没接到面试结果通知，不好意思询问自己哪些环节没做好，以便接下来有针对性地改进；试用期乖乖等着转正，不好意思主动去打听公司提前转正的标准；转正以后，面对任何超纲的工作难题，要么去求别人，要么消极等待，很少主动解决；工作一段时间后，有适合的岗位，明明想争取却不主动表明自己和岗位的契合点……

越习惯被动，在职场上越缺乏存在感，进而游离在升职加薪外，使自己的想法也越来越黑暗：同事的薪水凭什么比我高？那个岗位肯定是内定的，公司的选拔机制有漏洞。被动等待的是他们，觉得不甘的也是他们。被动，使他们错过了机会。

一个有追求的人，从不等着机会主动降临、领导主动认可、薪资主动上涨。

他们没时间埋怨怀才不遇，没时间感慨时运不济，因为他们深知，主动思考、主动解决、主动争取才是正道。而一直被动下去，不知哪天就被职场淘汰。

将来的你，
恨不得扇醒现在贪恋稳定的自己

有一次，微信公众号进行了较大程度的改版。

原先的订阅号列表变为信息流，让很多自媒体从业者哭诉："炒股的借过一下，轮到我们上天台了。"朋友圈里很多作者和运营者都很沮丧，有的失去了写文章的动力，有的推送后害怕会掉粉，有的则担心品牌会渐渐弱化。

有个作者说的话最扎我心，她不怕微信改版，觉得拼内容未必会输。她真正焦虑的是，好日子过久了，忘了自己的流量全靠微信平台，以为只要微信不垮，就能继续安逸地混日子，可微信稍微改变下游戏规则，就决定了一大批人的生死存亡，这让人太没有安全感了。

很多自媒体人离变化很近，平时又很喜欢抨击稳定的人，但变化一旦来临，谁心里都会有波澜。就连我这个业余写作爱好者，都有种幻灭感。

想起2014年我开始写作，不到半年就有几家出版社来约稿，当时觉得自己需要沉淀一下。结果2年不到就变天了，市面上励志书日趋饱和，不少出版行业的朋友甚至离职改行。当时我和策划公司签了5年的合同，合约期才刚过半，策划公司就把重点转向影视了。

我不得不提起搭档庆哥的痛处，有一年年底，她的书已经策划完毕，万事俱备，只等年后下厂印刷，可年后一问，那家公司只保留漫画业务，其他部门和业务全都砍掉。

这些都让我一次次在眼泪中明白：变化总比计划快，不要贪恋稳定。

你不主动改变，就会被动改变

六六的书《只有岁月不我欺》里，提到她在传统媒体工作的姐姐。

2009年，她劝姐姐转到影视文化行业，姐姐说："我这个行当不错，工作也驾轻就熟。"2011年，她再劝姐姐到新媒体行业中来，姐姐说："我就不信了，我熬到退休总可以吧，也就不到十年光景，我没必要把前半生的投入归零。"2014年，在文化产业爆发的浪潮下，很多影视、娱乐、手游公司的股价都前景大好。而她姐姐所在的晚报，缩减版面，不停裁员，最后亲身体验了一把"人未老，业已远"的感受。

很多时候,你追求的稳定,和你因此而错过的机会相比,根本无法相提并论。

六六说自己是个危机感极强、有生存恐惧的人。不存在"居安思危",自己天天都"危",每天汗毛倒竖地捕捉着各种变化,并做好预警方案。她不相信稳定,觉得自己应该去学国际金融、投资并购、人力资源,这些对她未来工作会有帮助,如果有一天不从事写作了,她还能做一名优秀的管理人才。本职工作之余去搞写作的人我见得多了,但专职写作之余学管理的人还真不多见。

与其坐等狼狈地被动改变,不如从容地主动求变。

行业的优胜者更别求稳

和菜头有句话我很认同:"走入家道中落的快速通道就是求稳。"

他多年前在航空公司做航班调度时,刚开始只有十几架飞机,写每天的航班计划用两张 A4 纸就能搞定,航班调整时,做个记号就行。

后来,民航迅速发展,飞机猛增到几十甚至上百架,手工调配日益困难。公司马上购置了一套运行控制系统,不仅高效直观,还能自动检错。

对这套系统，年轻的员工参与设计且运用熟练。而老员工又骂又排斥，他们习惯了原先的稳定，害怕陌生模式，害怕从头学起，害怕和年轻人站在同一条起跑线上，导致之前的领先变成落后，最后还得向年轻人求教。

和菜头说："人们拼尽全力创新，终于走到行业的前列，之后反而阻碍和反对创新，为自己未来的败亡留下了伏笔。"

时代总是在淘汰落后者，就算你曾取得了一些领先优势，也不要躺在稳定的泡沫里排斥革新，不再学习。别让自己成为思维模式固化、死守着既得利益、跟不上时代发展的人。

离开稳定也要有活得好的能力

我以前认为稳定挺好。社会需要稳定的岗位，很多稳定的职业也很受人尊敬，稳定岗位上有很多敬业且踏实的人，不能一竿子打翻一船人。

直到有一天，我和一个品控专家聊天，她在当地一家生产罐头的龙头企业工作，对业务精通。她说自己经常看各种戳穿稳定现状的文章，我问她："这些文章难道不会让你浮躁和焦虑，甚至影响你的研究吗？"

她说："工作稳定的人，最怕心态也稳定，保持适度的危机感，能让我更多地思考沉没成本和先发优势，综合看来，利大于弊。"

我想起教科书上那张"微生物生长曲线图"。越来越觉得，职场也可以用这张图来解释。如果你在平缓上升的"调整期"，只要符合大势所趋，哪个方向都是上升；如果你在"对数期"，呈对数增长的局面，未必是自己的能力驱使的；如果你在增速趋缓的"稳定期"，资源递减，内耗递增，那就是时候保持警惕了。

怎样过"稳定期"，决定你是找到下一个"调整期"、喜迎接下来的"对数期"，还是直接被自己的求稳心态和混日子拉到"衰亡期"的深渊。

在我看来，追求稳定与人性中根深蒂固的安全感需求有关。但我时常提醒自己，千万不能仰赖体制或机构来遮风挡雨，从而抗拒变化、躲避变化。如果你也在"稳定期"，下面两个方法论与你共勉。

1. 边工作边学习

审视自己的工作，好工作不在于它是否稳定，而在于它有没有价值。选择好职业后，主动把工作中的各项活动当成刻意练习。复印机旁很多打废的纸可能是你很好的学习资源，公司电脑公共盘的文件夹你可以看看。每次汇报工作，就当成练习演讲和提高 PPT 制作能力的舞台。每份工作材料，都当成练习结构化思考和逻辑化写作的机会。

2. 终身学习

工作时，不要分配到什么就只做什么，要多想想为什么这么做、怎么做能做得更好。遇到新事物时，不要只做普通观众，应该去思考它的营利模式和差异化流程。就算你独占鳌头，也别掉以轻心，不要排斥新思维和新技术，要敢于自我革命。

总之，别让将来的你对现在贪恋稳定的自己感到悔恨。

在花钱上拎得清的姑娘，
能少奋斗10年

几年前，在墨尔本大学读研的小女友，为了能在7月份回国，便提前请假、购买机票。我问这个败家小妞，如此折腾为哪般。她说好不容易才争取到全球青年大会数量有限的门票，所以7月份要专程去北京一趟。

我心里迅速拨动着小算盘，她这次花销，保守估计得小2万元。我对她的"破费"毫不意外，她历来是一个为了升级自己而出手大方的主。大学期间她就开始创业挣钱，一次，她佩服许久的行业大咖，在广州有个分享讲座，她二话不说拎包即走；某年她为自己创业项目的活动预付了场地订金，但后来创业活动与全球青年大会时间冲突，冲着现场能听到苹果、阿里巴巴、埃森哲、百度等国内外著名企业的高管来分享行业观点和人生经验，订金打水漂也罢；她朋友圈里，有她和舞蹈课、插花课师生的合影，有参加"无人车""面部表情网"等论坛的PPT,她说她花这种钱基本不用过脑。

她说:"在20岁出头的日子里,不对自己的头脑投资,就是对未来的投降。"钱花了可以再赚,就算生活稍微节俭一点,她还是坚信视野的开阔、心智的成熟、人脉的累积、生活的体验更加紧急重要。

我对这个小女友渐生敬意,她早就不需要家里为她提供经济外援了,年纪轻轻就去接触行业拔尖的大咖,洞察未来的趋势。看着她身上体现出的新知,我真切体悟到扩大视野的重要性。视野决定了你到底是不是时代的弄潮儿,我看好她这样的姑娘,对大脑进行着一次次"扩大再生产",至少能少奋斗10年。

有时候不得不感慨世界真奇妙。小女友回国参加的全球青年大会的幕后大老板,是我以前采访过的又忙又美的"开挂"者张萌。我得知此事后,用微信跟萌姐说有个在国外留学的朋友,专程回国来参加她主办的全球青年大会,萌姐听后对她夸赞了一番。萌姐有感而发,谈起自己的消费观,她有两点原则惊到了我。

1. 花钱提速学习力

日常积累的速度赶不上自我期待时,就花钱加速自己的学习进程。她几年前花了十几万元，报名参加了北大光华管理学院的一个历史班。她说因为自己是理工女，文史哲不扎实，不想让教育体系割裂自己的知识结构。于是找了以北大史学老师为主讲人的全国历史名家的课程，每个月上4整天课，高密度、高强度地预习、学习、复习，她说那段时间仿佛都能听见自己的"骨节"野蛮生长的声音。

去年她花了近20万元的学费，学习基金管理的最新理念。

2. 制订"以人为师"计划

每年确立一个"以人为师"计划，把大咖的优点都学到自己身上。她给自己定下的小目标：认识50位各个领域的"大咖"，向他们请教。有次她在外地出差，得知基辛格要来北京开会，可以约着一起吃饭，她马上买了时间最近的机票回京赴约。**这年头，千万别惹一个一边减少皮肤纹路、一边增加大脑回路的女人，也别惹一个在看脸的时代，还争做"最强大脑"的女人，真的惹不起。**

一个人的愿望会深深地影响着他的消费观。

毕业那年，我希望能在打拼的城市，有一个写着自己名字的房产证。所以那时我的核心消费观是：压缩那些行为必要但形式不必要的支出。比如：我知道健身是必要的，但去健身房的花销可以省下来，换成去公园快走或拉伸也挺好；我知道学英语是必要的，但学英语有很多途径可选；我知道获取新知识是必要的，但我不必非要参加培训或上课，自学也是能够应付的嘛。

几年下来攒下十几万元，我发现一线城市的房价根本不是我所能承受的，于是我综合发展前景、宜居指数、生活成本等因素，索性换了一个二线沿海城市买房，安居乐业。

在生活压力被极大稀释后，我的消费观水到渠成地升级了。

马克思说："和单一的个人一样，社会发展、社会享乐以及社会活动的全面性，都决定于时间节约。一切经济最后都归结为时间经济。"

我固定去理发的工作室，就算每次结账时发现又涨价了许多，但我下次依然还乐意去。一是我享受那名理发师带给我的美好氛围，他从来不推销产品，安静专注地帮我理发；二是我觉得被那名坚持跑马拉松的理发师剪过的头发，每根发丝仿佛都沾上了一些积极生活的气息。为了与有人格魅力的人邂逅，就算多付点钱，我也甘之如饴，乐在其中。

在经济暴涨期，有时候消费升级伴随着视野升级和生产升级，但只说消费升级就能让人生升级的都是大忽悠，我一定要强调生产升级的重要性。

有次某个发展顺利的年轻才女上台演讲，答疑环节中，台下有个听众问她如何看待"消费决定论"，比如"你买了奢侈品＝自己是奢侈品""你会花钱＝你会赚钱"……

才女果断指出："如果缺少中间的'产出'环节，等式就不成立。你买了奢侈品，产出了'奢侈品'，你才是真正的'奢侈品'。"

而且人在任何时候，都需要保有风险意识，有人拿经济暴涨期的收入做基准，总觉得以后的收入，哪怕不是指数增长，也是线性增长，然后用高杠杆去买房，短短几年后，房子贬值，叠加公司降薪甚至裁员，才顿悟花钱缺乏风险意识，会把自己多年来的奋斗一笔勾销。

你花钱时，见的世面，学的技能，悟的智慧，做的风控，会变成你的核心资产。在花钱上拎得清轻重缓急，舍得为未来付费，擅长为未来把关的人，已经少奋斗 10 年了。

你就是想得太多，
有建设性的事做得太少

不要抱怨同一个问题三次以上

上周没忍住，我动了一次怒。好友又跟我抱怨部门同事，干得少还爱邀功，这事她跟我说过三四次了。第一次，我虽然也吐槽干得少还邀功这种行为，但觉得职场大了，什么人都有，做好自己的事就行；第二次，我建议她，要么让老板了解实情，要么劝同事改正，要么自己无视；第三次，我直言，你盯着别人自然也会干得少，说同事做的工作少，潜台词是自己做得多，也是邀功，和同事一样。

上周，她又找到了新素材，描述同事有多讨厌，我彻底烦了，对她说："如果这事没进展，你就别再跟我提了。"

好友怪我和她男友一样，不懂安慰，没有情感共鸣，只知道冷冰冰地提意见。我说我性子急，受不了别人不停地跟我抱怨同一个问题。

想起之前我开导嫂嫂，情真意切地说了3个小时，春风般地安慰、谐星般地幽默、角色化地分析、易执行地建议，面面俱到，环环相扣。结果挂电话时，她说："虽然日子还得照旧，但我说出来好受多了。"

我1秒气"炸"，敢情说了半天只是为你舒缓心情，可我明明想解决问题。

面对失望，既不改变，也不接受。与其这样在死胡同里兜转，不如去做些有建设性的事。改变自己的心态，改变双方的关系。

做点修养身心的事、感兴趣的事、擅长的事、有意义的事或者能赚钱的事……你总得做点什么。

做事有没有建设性，会产生不同的生活形态

女伴以前每次与我见面，都会诉苦，讲起她单位里那些论资排辈的事。后来她主动争取到出差学习的机会，去北京工作了半年。最近见面，她两眼放光地讲起新环境和新朋友，着重说总部同事很厉害。领导陪同外宾，七八个小时下来，全程微笑，礼仪一流，没有抓头拨发的动作，没有龇牙咧嘴的表情。同事开会或交谈，普通话标准，讲话不带"吧""啊""嘛"之类的语气助词，词句简洁准确，态度

谦虚得体。与她接触较多的同事里，有人英语很好，下班还去学习第二外语；有人健身上瘾，有氧运动和无氧运动交替做。

她说这半年加班很累，但在更高层次的圈子里，学习到牛人的言行举止和思维方式，让她迅速成长。等再回到基层工作后，因为见过系统宏观架构，所以她更能理解基层工作的意义。

以前听她吐槽，我恨不能拨快脑子里的时针，现在听她讲新生活的所见所闻所感，每一帧我都舍不得错过。

如果她没有做有建设性的改变，不把死气沉沉的生活按下暂停键，开启"热气腾腾"的活法，我哪儿能看到如今眼里有好奇、话里有向往的她。

见的人越多，我越受不了牢骚满腹却不去改变、觉得生活没意思、工作没激情的人。喊减肥喊了几年，脂肪还是身上的"不动产"；羡慕别人肤白貌美，平时防晒都懒得做；体检乳腺增生，又放任坏脾气上头。

林志玲坠马受重伤后，医生说她能恢复，她就不再喊疼，不再抱怨，留着所有精力恢复身体。

皮克斯的安德鲁·斯坦顿说："如果你面前有两座山头，不知道该先攻打哪边的话，那就尽快做出选择，赶紧采取行动，一旦发现自己攻错了山头，那就赶快去攻另一座。在这种情况下，错误的行为只有一种，那就是在两山之间举棋不定地跑来跑去。"

想得太多，优柔寡断，是对自己的巨大损耗。越在这个时候，越要明确目标，赶紧止损，做出有建设性的改变。

成熟的人做选择，不成熟的人做反应

我精选几条读者疑问：

快毕业了，对专业不喜欢，不知道能找什么样的工作。

和男友分手，不知道以后能不能碰到比他更好的人。

以自己的情况和条件，不知道考研、就业、出国哪个合适。

我围绕着"去做有建设性的事"，给出细化方案。

不知就业方向，瞎想没用，假期去实习打工，哪怕不知道想做什么，至少知道不要做什么。

跟男友分手了，惆怅没用，锻炼身体，调节心情，培养出加速成长后的自己，迎接下一任。

选项多，挑花眼，纠结没用，列出利弊得失还选不出，就跟着内心走，坚定地做出你的选择。

每次回答读者提问时，我都会想起黄执中"成熟的人做选择，不成熟的人做反应"的论述。当问题不太严重，你预感这样下去不对时，主动喊停，这叫有建设性的选择，你要下决定、做取舍。当问题严重到让你忍无可忍，被迫翻脸时，这叫反应，你在能做选择时不选，拖到最后就只能承受后果。

在能选择时，按照自己的目标和意愿，做有建设性的事情，不要拖到选择窗口关闭，只能被动反应。

沉湎于情绪，是做有建设性事情的最大阻碍

有一次，我爸妈过来同我们小住。

我鼓起勇气对我妈妈说："当我知道您生病时，我很内疚。这些年在外面，没能陪伴在您身边，因为，我俩要分头去做有建设性的事情。

"您只需宽心勇敢对抗病魔，注意饮食，作息规律。

"我要心理强大，不要成为医生说某个指标不理想就先吓晕的人；

"我要好好工作，让您住在想住的地方，花钱不再有顾虑；

"我要好好生活，不做那个让您在养身体之外，还要操心的人。"

这两年，我遭遇了许多人生变故，自诩理性的我，也经常敏感、纠结，困在情绪里，难以自拔。

趁着还没被情绪淹没，我会主动回想《奇葩说》中谈论生死的那集，这集最让我触动的是，节日接近尾声时，马东泛泪回忆父亲马季离世时的情景。马季走后，因为事发突然，马东释怀不了。有天他突然梦到父亲，父亲在梦里对他说："我今天才真的走了，很高兴跟你做一世父子，有缘再聚。"马东说这是他潜意识里的放下。

这段确实戳泪戳心到极致，但马东在短时间内调整情绪，用不知是哭是笑的声音逐一念完广告，嘉宾和选手也整理心情，回过神来。

有情绪是正常的，可马东没让自己陷在情绪里，而是履行商业契约，做好主持人的分内事。

有时候我感慨成年人日程表排得太满，连发泄情绪都得掐着秒表算时间。但在我的经验中，沉湎于负面情绪，比去做有建设性的事痛苦多了。就算只走了一小步，时间也会带你去往更好的地方，哪怕错了，重新定位，重新规划路线也来得及。

余生不长，做情绪的主人，做有建设性的事。

职场达人都会越两级看问题

一天,我和一个做人力资源顾问的女伴吃饭,想起以前有个读者曾问过我:"职场上的格局体现在什么地方?"

经常听说格局大或小,但我感觉格局是个很虚的概念,那天我就把这个问题抛给了做人力资源顾问的女伴。于是她给我举了个例子。

有段时间女伴的公司入职了几个应届毕业生,在新人提交入职材料时,她边审查边指出遗漏。她和A说:"你的身份证只复印了一面,需要把正反面印在同一张纸上。"又和B说:"你的学位证复印了两份,毕业证没有复印,可能是印串了。"说完还不忘叮嘱两个新同事明天上班时把资料补齐。

第二天,A、B分别到她的办公室补交材料。A对女伴说"我给你添麻烦了";而B除了说了些道歉的话,还附加了一句"我得让你好交差"。

女伴向我解释，一般人都会像 A 那样说，显得很有礼貌。但当 B 说"我得让你好交差"时，听上去很奇怪，她越琢磨这话，越觉得 B 有格局。

看我一脸不解的样子，女伴进一步分析给我听。"A 说的'我给你添麻烦了'，是站在我的立场上说的；而 B 说的'我得让你好交差'是站在我上级的立场上说的。"在她看来，职场上真正有格局的人，不仅能站在对方的角度考虑问题，还会站在对方上级的角度考虑问题。

确实是这么回事。

《丰田工作法》一书中曾写过：在丰田，员工要站在比自己更高的立场上看问题。在公司内部，要站在上司的上司的立场看问题。他们的职位排序为，班长＜组长＜工长＜科长。班长要站在工长的立场看问题，组长要站在科长的立场看问题。如果只站在自己的立场看问题，那么结果只能停留在现状的延长线上，很难有进步的空间。

如果你能够时刻意识到上级的上级"有什么烦恼""会怎样判断""会如何决定"等问题，你的工作一定会做得让人刮目相看。同样，接待客户时，也要站在比顾客更高的角度看问题。比如，顾客是来为公司采购办公用品的，你就要把自己想象成顾客的同事或领导；顾客是来为媳妇挑选礼物的，你就要把自己想象成顾客的媳妇或他媳妇的闺密。只站在顾客的立场上思考，并不能完全满足顾客的需求，你应该站在比顾客更高的立场上思考。

你不必越级汇报，不必越级做事，但一定要学会越级思考，还要懂得越两级看问题。通过这种思维训练，久而久之，你的职场格局就会有显著提升。

所谓职场格局，就是越两级看问题。这么看问题，好处在哪里呢？

1. 少做无用功，少走冤枉路

有个房产中介被他的领导指派去查"美国海外销售代表的薪资待遇"，他搜索半天也没找到确切答案。当他再去问领导时，随着两人的深入沟通，领导透露出了上级的意图。上级想在美国招聘一个当地人，给公司跑业务，因此想知道这种工作职责范畴的人的薪酬是多少。中介知道领导的上级的意图后，做事更有针对性，很快调整了解决方案，决定把"搜索牌"换成"人脉牌"。

我的上份工作，试用期过得很辛苦，自己觉得明明是在按照主管的要求做事，但交上去的东西还会被打回来重新修改。有天部门经理走到主管那里交代任务恰好被我听到，后来主管再跟我交代任务时,我便发现主管说的和经理说的不一样。经理向主管提需求,主管按他自己的理解给我布置任务,因此我接到的任务已经被他主观加工、窄化过了。

那次任务,我以经理的需求为核心,以主管的指示为切入点,一次顺利通过。当然,听到经理的意见只是巧合,现实中的做法是,归纳每次被打回重做的原因,试着去越级再越级地思考总结,并调整做法。

2. 提升更迅速,方向更清晰

如果你是一家新媒体公司的编辑,你的职责是写稿,可能你在乎的就是能否按时交稿并顺利通过上级的审批,阅读量和反馈好的话,老板还可能给你表扬和红包。这时,你应该如何越级思考呢?

首先,你先越一级思考,站在主编的位置上思考。主编的职责是审稿,他可能更在乎消息是否真实,数据是否可靠,有没有侵权。

其次,你越两级思考,站在平台创始人的位置上思考。创始人的职责是做好平台的掌舵人,他可能更看重文章传达的价值观,调整平台定位,以及了解竞争对手和市场的情况。

这样一来,当你重新回到编辑的立场时,就会从原先的

"错1个字扣50块""阅读率高收红包"这类的琐事圈里跳脱出来,以更大的格局审视自己的日常工作,除了按时交稿外,自己引用的数据是否真实?推论是否经得住推敲?价值观有无偏差?

这样做的好处是:一方面能让你在公司升职加薪、顺风顺水,而且升职后也能更快上手,毕竟你的思维早已是领导级别的了;另一方面能让你预览自己的职场生涯,你领导、你领导的领导,可能就关乎你三五年后的未来,给你他们的薪资待遇和工作日常,你愿不愿意在这家公司或在这个行业发展。

3.少抱怨,心态更积极

有次我看一个美食真人秀节目,甜点师被主厨骂得狗血淋头,因为甜点师的关注点在他负责的甜点,太快完成,被主厨骂,因为主厨的关注点是整个用餐过程,等食客吃完前菜和主食,甜点的最佳温度都过了。

感性上我同情被骂的甜点师,理性上我觉得主厨有理,如果甜点师能越两级思考就不一样了。主厨面对的上一级是评审员或食客,不能给他们吃冷甜点,要对食客的就餐体验负责。甜点师若能这样一想,抱怨少了,心态好了,会体谅主厨,下次工作会完成得更好。

工作中我经常听到有人私底下聚众骂领导，情绪是发泄出去了，但很可能会混淆讨厌领导的情绪和讨厌工作的情绪。如果你能越两级看问题，让自己少钻些牛角尖，心胸和视野更开阔，且能把抱怨的时间拿来做有建设性的事。

在我看来，工作这回事，归根结底，是为自己做的。不管表面上给谁打工，本质上都是在为自己打工。

有人心里也许会嘀咕：自己拿着白菜价的工资，才不想操那么大的心。然而，思考问题和瞎操心不是一回事，再说谁会想一辈子拿着白菜价的工资。

越两级思考问题，可以锻炼出自己"一个人就是一家公司""一个人就是一个部门"的大局观，这是职场很好的格局训练。

从今以后，不妨试试越两级思考问题。分别梳理下自己、领导、领导的领导现阶段的工作内容。以后在执行一项具体的任务前，问问自己领导以及领导的上级面临的局势、关注点和困境，然后重回自己的实际身份去执行任务，你会感到更加轻松顺利。

Always
Love
Yourself

Chapter 7

新一年,把自己置身于又忙又美的流里

不要试图与闲人论短长、比对错、争高下,再赢也是输。

防闲人之心不可无

不与闲人论短长

有次听朋友聊起健身房风云,她所在的健身房因为性价比高,会员越来越多,里面有个退休女人每天盘踞于此,到处惹事,令人头疼。

有新来的健身者初来乍到,不懂规矩,占了她所谓"专属站位",用了她所谓"固定器材",挑了她所谓"常用瑜伽垫",她可能会在锻炼时"不小心"碰新人一下,以示惩罚,也可能在她的小团体成员面前对新人出言讽刺。她与人在更衣室起冲突的情况不止一次,听说最严重的一次是在摄像头盲区与人发生肢体冲突,连派出所都出警了。

我听完大受震惊,问朋友一个问题,她真的是去健身的吗?朋友摇摇头,整天在健身房拉帮结派,惹是生非,看她身材臃肿,满脸横肉,哪里是去健身的样子。

在与朋友的聊天中，我领略了闲人的杀伤力，这里的闲人，不是指闲情逸致，而是闲中生事，没有正事可干，挫一挫别人的锐气，立一立自己的威风，拿捏软柿子，制造幺蛾子，见不得别人好，想压别人一头，让人不开心，就是自己的胜利。

作家水木丁有个健身房观察，她发现漂亮姑娘的共同特点是独来独往，不在健身房里跟任何人聊天、打趣、搞社交，一进来就抓紧时间埋头苦练，练力量一丝不苟，眼神里带着一股劲，那是一种傲气、冷漠和自信的狠劲。魔鬼身材，就是被魔鬼训练出来的。

我在想，如果漂亮姑娘遇到这位退休女士，她说位置、器材、瑜伽垫是她的，好的，赶紧让给她，交给她使用，不要教她做人，不要主持公道，与她多纠缠两秒都是自己的错，速速找个远离她的位置，专心锻炼，不被她搅扰心情，漂亮姑娘心里知道一点，自己花时间、花金钱来健身房是来健身的，不是来生气的，健身房风气不好，下次就换一家。

不要试图与闲人论短长、比对错、争高下，再赢也是输。

防闲人之心不可无

一个人应该在什么人面前装忙，不是在领导面前，而是在闲人面前。人人都知道防人之心不可无，防小人、防坏人还是防妄人？我觉得先防闲人。

上学年代，闲人们看你上课举手回答问题，周末泡在图书馆，就三五成群，在背后阴阳怪气地揶揄你。

到了职场，闲人看你跟领导汇报工作，和某个异性走得近，马上杜撰一条你拍马屁、搞绯闻的流言，传到办公室每个角落，闲人造谣一张嘴，让你辟谣跑断腿。离闲人近了，就是离清净远了。

有的男性闲人喜欢聊大事，有的女性闲人喜欢聊情感。

男性闲人喜欢对国际局势、时事热点、历史事件、阴谋论高谈阔论，一旦你好奇了、接话了、反驳了，糟糕，你进入他设好的局，没有一两个小时根本出不来，男性闲人为什么喜欢聊大事，因为这些话题展示他们的知识和见解，不仅满足了他们对于权力和成就的幻想，还可以缓解现实的压力和不满。

女性闲人喜欢聊感情八卦，身边忙碌的中年女人见面，上来就聊，各聊各的，聊完就散，听过一个形象的评价，"像各自驮着口粮东奔西走的蚂蚁在路上遇见"，但女性闲人爱谈虚无缥缈的感情，没着没落的感觉，没完没了的抱怨，她没有诉求，不要分析和建议，当你被代入她的情景中时，她走了，而你却被吸进一个黑洞，精力被抽干，啥也不想干,半天缓不过来。

每当遇到学校闲人、职场闲人、男性闲人和女性闲人,我会扪心自问,我真的有这么闲吗?房贷都还清了吗?向父母请安了吗?马甲线练出来了吗?陪女儿玩游戏了吗?该赚的钱都赚到了吗?该读的书都读完了吗?以上都在做,我又太累了,实在需要偷得浮生半日闲。

把自己的时间当大事

作家李筱懿是我心目中又忙又美的榜样之一,她说:"我习惯把写作时间安排在早上起床之后,需要进行思考的事情,一般放在上午,下午多半是开会或者进行合作沟通,我不会秒回信息,一般两个小时看一次手机,这让我拿回了自己精力分配的主动权,不会被动得让外界影响我。"

如果你什么电话都秒接,什么信息都秒回,别人问你有空吗,回答都是有空,别人可以随便拿走你的精力主动权,而你对此毫无意见,爱打听别人的困难,喜欢给人输出建议,用设身处地苦口婆心的方式教人做事,婚恋中,爱替男人做主,教育男人这样才好,那样不对,动不动就把"反正我也没事干""反正我闲着也是闲着"挂在嘴边,你的人设就是闲人。

忘了在哪儿看过,好莱坞过气女明星知道是影片邀约的来电，没有立刻接电话，至少等铃声响三声后，才接起电话，假装在档期繁忙。

当别人在微信上问"在吗"，又没说具体的事时，不要立刻回复，等几个小时后，打个"？"回过去，一般就没事了，说明这事找谁都可以，不是非你不可。

有次我在地铁上，看见一对情侣上车，男子找个空地站着打游戏，女子看到一个空位，叫唤男子过去坐，男子不耐烦，女子坐在空位上，当身边乘客起身下车时，她又叫男子过去坐，有种夹杂着"不听我话"的苦大仇深和"我为你好你却不领情"的怅然若失。

我感觉，闲人跟悠闲、优哉游哉、松弛感不是一回事，有时也一刻不得闲，但不忙自己的事，专忙别人的事。

一个闲人给外界传递的信息是——我不在乎我的精力，我的时间不值钱，任其差遣，外界小事比自己的大事更能引发自我关注，持续释放闲人气场，会吸引到闲人，或利用闲人的人，让自己的生活到处鸡毛蒜皮，还没时间做自己的事。

不与闲人论短长，防闲人之心不可无，把自己的时间当回事，将一切时间和精力用在让自己又忙又美上，除此之外，兴则高歌困则眠。

把自己置身于又忙又美的流里

你们刷到过这样的短视频吗？还是算法尽往我这儿推了。

这类短视频，背景音乐是一首名为"Say It Right"的外文歌，全程打着节奏劲爽的鼓点，掷地有声，略带回响。

视频中的女博主，表情冷凝，不慌不忙，一件事接着一件事地处理着。

通常流程是：早上起来，她生吞一勺橄榄油，照大排灯，做冥想，开始制作早餐，有时是沙拉，把西蓝花、蘑菇、鸡蛋等食材水煮后拌成沙拉，有时是果蔬汁，把几种有机蔬果用破壁机搅成糊状一饮而尽，有时用咖啡机做黑咖啡，再配上煎鸡肉或烤鱼肉。吃完早餐后服用保健品，如胶原蛋白肽、姜黄粉、虾青素胶囊、甘氨酸胶囊、麦角硫因胶囊、亚精胺等多种食品补充剂。

半个小时之后是运动时间，她有时在高压氧舱里待1个小时，有时去健身房做力量训练，有时到楼下游泳，之后冲澡、护肤、穿搭、出门，要么去高校听课，要么出门谈生意，休息时间看看风景，中午继续上课或工作，晚上和家人团聚，饱览城市夜景，享受特色美食。

博主每天的一日三餐、行程安排、运动项目有所微调，但风格相对统一，动作利落潇洒，每一个场景、每一个动作，博主在画面上会标注几点几分，以及10个字以内的动作或状态描述，她不太看镜头，也没有旁白，给人一种人狠话不多的感觉。

除了吃美食、带小孩时，偶尔收录几句对话和笑声之外，其他时候她大都独来独往，面无表情，没有迟疑，紧凑高效。

她的很多保养手段对我来说，还是太超前了。且不论视频内容真实不真实、目的是不是带货，美容手段科学不科学，保健品过不过量、能不能吸收、有无副作用……最让我受益匪浅的一点是：她把自己置身于又忙又美的流里。

在我状态欠佳又有事可做的一天，博主的视频就是我的速效救心丸，翻出来看上一两条，视频里那种流动的节律感和秩序感，抛给正在沉沦的我一根绳索，让我抓住绳端顺势爬上。

受此启发，我在想，每晚临睡时，我凭着回忆，能不能将白天做的事，在脑中剪辑出一条行云流水的"视频"，于是，我开始聚焦并优化我一天的流。

早上5点半起床，披件外套，抿口温水，做几次深呼吸，聚气凝神，打开笔记本电脑，专心写作1小时。保存文档，在日程本上写下待办事项和注意要点，开始洗漱、护肤、涂防晒霜，换下睡衣，称量体重，换上昨晚备好的衣服，把体重写在贴在墙上的表格中。

出门坐车，在车上根据计划和状态行事，我写作较多，也会看电影、听课程、想选题。我出门早，关于女儿起床和送去幼儿园的事情，由我老公负责。

到公司后，我进入准工作状态，把当日大、小任务在脑子里过一遍，衡量看邮件、回邮件、开会、常规工作、汇报资料、写周报、数据统计、找同事沟通等各项工作的优先级顺序，然后做个工作计划，开始一项一项地处理，把完成的任务打个钩。

中午吃完饭，我和同事边散步、边唠嗑，半小时后，在工位上戴上耳机，听冥想引导词，做15分钟冥想，午休的最后15分钟，去楼道间打一段八段锦，或站桩，然后正式工作。

下午工作，一个番茄时间[1]结束，稍做休息，看看工作

---

[1] "番茄工作法"是一种时间管理方法。在此方法中的一个番茄时间为25分钟。

群，再开始设置下一个番茄时间。

接近下班，收拾桌面，回顾工作，记录明日工作重点。如果当天接触到新的业务知识点，把信息增量、流程、教训以工作小结的形式简要记录。

下班回家，坐上回家的车，马上用手机下单买菜，之后听播客、音乐或放空，让大脑休息。

等我到家，网购的肉蛋果蔬已经送达，我先休息10分钟，天气好在小区坐坐，天气不好，就在沙发上瘫坐一会儿。

跑步到幼儿园接女儿，和她一路聊天回家，一起拿快递。

到家后，她自己玩游戏或看动画片，我则开始做饭，清蒸的清蒸，水煮的水煮，偶尔炒菜，半小时做好，全家一起吃饭。吃完把碗放进洗碗机，我和老公先轮流带娃，再合体带娃，双方既陪伴了孩子，又有自己的时间，老公陪女儿时，我可以阅读、运动、泡脚，然后给女儿洗澡，讲绘本，一起睡觉。

我根据生活任务、工作性质、精力曲线、优先级顺序，具体情况具体分析，不断调整改善，形成了适合我的流。

当我每天自然进入这种流中时，它让我拥有一种健康的忙碌，忙时有序，闲时有趣。不至于把我忙坏，不会一下手忙脚乱，一下无事可干，它是一种均衡，错落有致，劳逸结合，张弛有度，给我弹性空间，有处理好急事的能力，让我凭着惯性变好，做事没有拖延，减少摩擦，非常丝滑。

如果我不刻意引导自己进入又忙又美的流，我通常会进入忙的流，忙得脚踢后脑勺，忙得三头六臂不够用，忙得超过最大负荷，那我需要停下来思考，我的忙，质量是高是低，把低质量的忙砍掉，穿插进一些美的流，作息规律，健康饮食，定期运动，亲近大自然，做令自己心情愉悦的事。

近年来，我听说很多新词，比如流××，像流媒体、流瑜伽，再比如××流，像资金流、信息流、工作流。

我记得第一次接触流瑜伽时，教练在练习过程中，以行云流水般流畅的动作组合来强健身体，一开始我不熟练、跟不上，等练熟后，大呼过瘾，每次练习，沉醉在呼吸的吐纳和体式的变化中，动作连贯，一气呵成，一段时间后惊喜地发现我的伸展性、力量性、柔韧性、平衡性、专注力提升惊人，我惊叹流的神奇。

我看《创作者的一天世界》一书时，看到贝多芬黎明即起，不浪费一点时间，立即开始工作。他的早餐是咖啡，他认为一杯咖啡应该用60颗咖啡豆，因此经常自己一颗颗地数，接着伏案工作直到下午两三点，其间偶尔休息，然后到户外散步，口袋里带着铅笔和五线谱，以便记录随时会出现的音乐灵感。日落西山后，他可能会在酒馆里坐坐，读读报纸，晚上总和朋友一起，或者上剧院，通常早早就寝，最晚10点上床。

我仿佛目睹了贝多芬的创作流，很多创意者都在改善流、沉淀流、信任流，把自己交付进去。

其实，我们很容易进入一个具体的流中，不是这种流，就是那种流。

我女儿看动画片，一集接着一集，我看短视频，一个接着一个，我仿佛被惯性的力量，封印在鬼打墙里，四肢越来越懒，心情越来越丧，除非有个力量阻断这个惯性，我才得以逃脱。

与其进入沉迷短视频流、吃垃圾食品流、无所事事流、患得患失流，为什么不进入把工作、梦想、阅读、运动、休息串联起来的又忙又美流里呢？

气质好,是成年人的无声炫富

有个周末,我去听了一场艺术沙龙,身为导演和作家的杨道立老师,做了一场精彩分享。她从巴黎奥运会开幕式,讲到当下文化艺术。

我听得如痴如醉,坐享三重享受。

一是视觉享受。除了老师带来的法国古典画作鉴赏之外,我觉得老师本人就是一道亮丽风景。发量很多,盘在脑后,既精神清爽,又知性优雅。衣服搭配平衡了休闲和正式,我猜是要呼应法式松弛感,戴了一个圆形吊坠,我猜是要呼应奥运元素。台上的她,看上去有种"骨密度很高"的挺拔感,大气大方,体态优美,面目舒展,绽放魅力。

二是听觉享受。老师讲课有种一气呵成的流畅感。声音沉稳,抑扬顿挫,每句话的逻辑重音清晰明了。其中,她讲了两首音乐,席琳·迪翁的《爱的颂歌》和巴黎街头艺人翻唱的《阿嬷》。她铺垫背后故事时,声音饱含深情,等展示歌曲时，我的眼泪夺眶而出。

三是大脑享受。老师应该70多岁了，她涉猎的内容，介绍的传记，新鲜劲和热乎劲十足。老师是本市才女，出过书，写过歌词，担任过大型晚会导演。其中，提问环节，老师临场反应快，回答得体，很有洞见，仿佛精神世界的无声炫富，给我带来新知，促发思考。

真是着装得体气质佳，腹有诗书气自华。

她让我对司汤达的一句话深表赞同："做一个杰出的人，光有一个合乎逻辑的头脑是不够的，还要有一种强烈的气质。"

随着年龄增长，我们需要一些与岁月抗衡的筹码。让气质刻进骨肉里，陈化出迷人醇香的韵味。

我越来越觉得，思想油腻+体态无力+不修边幅+行为畏缩+没有自信+松垮心态，占2项以上，气质就会顺流直下，但我们明显还可以被抢救一下。

1．保持中上水准的生活习惯

看到一个上了年纪的人，身材匀称，行动自如，别怀疑，他的生活习惯很好。

他有好好吃饭，既能营养搭配，也会适当空腹，不会每次把家人吃不完的，都用自身消化系统去打扫。

他有好好睡觉，生活大小风波袭来，睡前做几套放松瑜伽，尽快入睡，攒够深度睡眠，第二天有条不紊地为自己排忧解难。

他有好好运动，结合有氧和无氧运动，把肌肉弹性维持得很好。各种腹横肌训练、平板支撑、凯格尔训练一看就没少做。

《拼团人生》一书中，两个40来岁的韩国女性，一起买房，一起生活。书中小金的妈妈，告诉她俩的一段话，让我倍受触动。"你们知道老了之后，自信从哪里来吗？从体力中来"。这位妈妈身材娇小，年轻时体弱，常常病倒，40岁之后，开始努力做瑜伽和游泳，现在已有资格说出这样的话了。

我意识到，现阶段的我可能是人生最忙的阶段，是员工，是妈妈，是妻子，是女儿，我得用生活习惯为我的忙做好后勤保障工作。

身为一个现代人，要早睡早起、健康饮食、坚持运动，需要克服很多诱惑，短视频诱惑我别运动了，再看一会儿；电视剧诱惑我晚点睡吧，再看一集；重口味餐厅的折扣价诱惑我生活很累，放纵一把。我要是频频被诱惑，我会更忙，忙着去医院，忙着做理疗。

人们说，学坏容易学好难，我不认同这话。学会坏行为可能容易，但坚持做坏行为很难。你吃撑+熬夜+暴躁一次容易，但你坚持吃撑+熬夜+暴躁，你的身体需要格外做功，累到身体罢工，别说医治，就连医治前的检查，都让人畏惧到不敢再来一次。

我觉得做好行为一开始需要引子和决心，但坚持做好行为非常轻松，顺应自然和身体，自己会获得各种奖励，其实更加省力、更有动力。

2.随时随地落落大方

我来到北方后，经常寻思，为什么我就没有东北人那种落落大方的感觉？见人容易自来熟，初见也能聊得热切，当众发言，心不慌、气不急，不急不躁，还能"出哏"。

我以前在深圳工作，会上发言，没有压力，但来北方，可能前面发言的人，随便拉出一个来，都说得又流畅又幽默，我莫名觉得别人把压力给到自己。

据说北方孩子有三个标配：大方的，敞亮的，闯荡的。

有次我要去向领导汇报，觉得有点忐忑，坐我旁边的同事送我一句话：大方说呗，领导能掰你牙怎的。

后来，我觉得有难以启齿但不得不说的事，或者当众发言，我就回忆这句话，谁能掰我牙。打工人学会对上位者祛魅是必修课，别把自己摆在低位，压力大，负担大，反而让表情和表达不自然。

除了掰牙论的壮胆,我还会做几组腹式呼吸,让语速慢下来,把别人的目光当欣赏,不要当审视。

此外,我还想提醒同样热衷时间管理的我们,有时太会管理时间,总想着下一个待办事项,做事难免慌里慌张,局促不大方。

我现在常常有意识地提醒自己,时间够用,减少杂念,一句话一句话讲清,一件事一件事做好。

3. 记录自己高峰状态的公式

女性到了中年,家里、公司一堆事,没时间、没精力、没心情打扮。精力、体力走下坡路,忙着给孩子辅导作业,导致"妈味"剧增,上级把压力传导到你这儿,你又传导不下去……久而久之,衣服宽松舒适为主,不太注重款式和细节,头发随便扎起来,化妆能省则省,整个人的气质被大风吹散。

我的上司,给我一个启发。她有孩子,工作繁忙,早上像打仗,一般涂个防晒和口红,扎个马尾就来。但她哪天要去谈业务,她一进门,我们就知道。她衣着得体,妆面自然,梳着高马尾,踩着粗高跟,仿佛奏响拿下订单的号角。

我们会脱口而出:"今天真漂亮,衣服好好看。"她听到赞美，眉毛抬高，眼睛放光，自信难掩，她说："那我要把这身搭配记下来，下次就抄这次的作业。"

我们去理发，一开始剪完觉得很傻，但长着长着觉得顺眼了。其实不是你看惯了、顺眼了，而是头发长到你的发型最佳长度，可以用这个发型拍照留念。

我们被夸赞，很可能找到了自己喜欢和别人欣赏的穿搭、妆发的最大公约数，把这些搭配记在照片里或心里。

这些高峰状态的素材攒得多了，自然知道在什么场合，如何展现最佳气质。

把生活调到健康，把体态调到挺拔，把谈吐调到大方，从高峰状态中萃取出自己专属的气质密码，我们有必要好好照顾好气质，因为气质是灵魂的显化。

©中南博集天卷文化传媒有限公司。本书版权受法律保护。未经权利人许可，任何人不得以任何方式使用本书包括正文、插图、封面、版式等任何部分内容，违者将受到法律制裁。

图书在版编目（CIP）数据

当你又忙又美，何惧患得患失：思维进阶版 / 梁爽著. -- 长沙：湖南文艺出版社，2025.8. -- ISBN 978-7-5726-2561-9

Ⅰ. B848.4-49

中国国家版本馆 CIP 数据核字第 2025NV5720 号

上架建议：心理·励志

DANG NI YOU MANG YOU MEI, HE JU HUANDE-HUANSHI: SIWEI JINJIE BAN

当你又忙又美，何惧患得患失：思维进阶版

著　　者：梁　爽
出 版 人：陈新文
责任编辑：何　莹
监　　制：毛闽峰
策划编辑：张若琳
文案编辑：高晓菲
营销编辑：刘　珣　李春雪
封面设计：介末设计
版式设计：马睿君
出　　版：湖南文艺出版社
　　　　　（长沙市雨花区东二环一段 508 号　邮编：410014）
网　　址：www.hnwy.net
印　　刷：北京中科印刷有限公司
经　　销：新华书店
开　　本：775 mm×1120 mm　1/32
字　　数：163 千字
印　　张：8.5
版　　次：2025 年 8 月第 1 版
印　　次：2025 年 8 月第 1 次印刷
书　　号：ISBN 978-7-5726-2561-9
定　　价：49.00 元

若有质量问题，请致电质量监督电话：010-59096394
团购电话：010-59320018